지구의 생명/식물의 세계 감수_신성호
미국 루이지애나주립대학교 생물학과 이학박사 학위를 받았으며, 캘리포니아대학교 버클리 캠퍼스 연구원, 국방과학연구소 연구원을 지냈습니다. 지금은 서강대학교 생명과학과 연구교수로 있습니다.

공룡의 시대/바다 속 생물/조류의 세계 감수_박시룡
경희대학교에서 생물학을 공부하고, 독일 본대학교에서 동물행동학 박사 학위를 받았습니다. 지금은 한국교원대학교 생물교육과 교수로 있으며, 황새복원연구센터 소장, 동물학회와 생태학회에서 학술잡지 편집위원직을 맡고 있습니다. 쓴 책으로는 〈와우! 우리들의 동물친구〉, 〈동물행동학의 이해〉, 〈과부황새 그후〉 등이 있고, 옮긴 책으로는 〈사회생물학〉, 〈동물백과사전〉, 〈딱새를 속여 번식하는 뻐꾸기〉, 〈진딧물을 길들이는 붉은개미〉 등이 있습니다.

곤충과 무척추동물 감수_김소정
성신여자대학교에서 생물학을 공부하고, 과학 강사를 거쳐 지금은 과학 전문 번역가로 일하고 있습니다. 옮긴 책으로는 〈대체 내 DNA를 가지고 무얼 하려는 거지?〉, 〈뭐라고 이게 다 유전자 때문이라고?〉, 2006년 한국 출판 문학상 번역 부문 본심에 오른 〈전략의 귀재들, 곤충〉 등이 있습니다.

파충류와 양서류/포유류의 세계 감수_김현희
서강대학교 학부와 대학원에서 생물학을 공부했으며, 한국과학기술원 창의과제 연구원, 코아바이오텍 생명연구소 연구원, 연세대학교 암연구소 박사후 연구원을 지냈습니다. 지금은 서강대학교 화공생명공학과 연구교수로 있습니다.

놀라운 인체 감수_조선희
서울대학교 학부와 대학원에서 간호학을 공부했습니다. 서울대학병원 간호사, 한국보건산업진흥원 연구원, 한국음주문화연구센터(KARF) 연구원, 보건복지부 EHR 핵심공통기술연구개발사업단 연구원, 서울대학교 간호과학연구소 연구원을 지냈으며, 지금은 미국 뉴욕시립대학교 연구원으로 있습니다.

우주의 신비/움직이는 지구 감수_손영종
연세대학교 학부와 대학원에서 천문우주학을 공부했으며, 관측천문학으로 이학박사 학위를 받았습니다. 캐나다 도미니언 천체물리연구소 연구원을 지냈으며, 지금은 연세대학교 천문우주학과 교수이자 한국우주과학회 학술이사로 활동하고 있습니다.

과학과 기술 감수_심상준
미국 오리건주립대학교 학부와 대학원에서 컴퓨터공학을 공부했으며, 무역회사 이옵토피아 공동 대표를 지냈습니다. 지금은 에세이 컨설턴츠(Essay Consultants)의 대표로 있습니다.

지구촌 사람들/예술과 문화 감수_조한욱
서강대학교에서 사학을 공부하고, 미국 텍사스주립대학교에서 서양사로 박사 학위를 받았습니다. 〈역사와 문화〉 책임 편집자와 문화사학회 회장을 지냈으며, 지금은 한국교원대학교 역사교육과 교수로 있습니다. 쓴 책으로는 〈문화로 보면 역사가 달라진다〉, 〈서양 지성과의 만남〉이 있고, 옮긴 책으로는 〈바이마르 문화〉, 〈고양이 대학살〉, 〈문화사란 무엇인가〉, 〈프랑스 혁명의 가족 로망스〉, 〈마녀와 베난단티의 밤의 전투〉 등이 있습니다.

육대주와 남극/세계의 역사 감수_박흥식
서울대학교에서 서양사학을 공부하고, 독일 괴팅겐대학교에서 중세 상인 길드에 대한 연구로 박사 학위를 받았습니다. 지금은 서울대학교 서양사학과 교수로 있습니다. 중세 유럽의 도시, 중세 말의 위기, 독일의 제국 주교, 중세의 주사위 놀이, 흑사병과 인구 문제, 한자 상인 등에 대한 논문을 썼습니다.

옮김_박주영
서강대학교 학부와 대학원에서 영어영문학을 공부하고, 영국 맨체스터대학교에서 테솔(TESOL) 영어교육학을 전공했습니다. 지금은 인천대학교 교양영어 초빙교수로 영어를 가르치고 있습니다. 옮긴 책으로는 〈백년의 나이테〉, 〈나는 알고 싶은 게 너무 많아〉, 톨킨의 〈로버랜덤〉(근간) 등이 있으며, 쓴 책으로는 영어 학습서 〈스타일 잉글리시〉, 〈Box English〉, 〈생쇼 잉글리시〉 등이 있습니다.

교과서 속 융합 지식 박물관 01

지구의 생명

총기획 및 발행인 박연환 | **발행처** (주)한국헤르만헤세 | **출판등록** 제17-354호
주소 경기도 성남시 분당구 금곡동 444-148 한국헤르만헤세 빌딩
대표전화 (031)715-7722 | **팩스** (031)786-1100
판매처 한국헤밍웨이
기획및편집 오영호 이미경 강가애
디자인 한유영 우지영 김민혜 한지희 박희경 김은미

First Published by Miles Kelly Publishing Ltd.
Barefield Centre, Great Bardfield, Essex, CM7 4SL

Copyright ⓒ Miles Kelly Publishing Ltd.
Korean translation copyright ⓒ Korea Hemingway
This Korean edition is published by arrangement with Miles Kelly Publishing Ltd. through Young Agency, Seoul.

이 책의 한국어판 저작권은 영 에이전시를 통하여 Miles Kelly Publishing Ltd와 독점 계약한 한국헤밍웨이에 있습니다. 신저작권법에 의해 한국 내에서 보호를 받는 저작물이므로 무단 전재와 무단 복제를 금합니다.

⚠ 잘못된 책은 바꾸어 드립니다. 고온 다습한 장소나 직사광선이 닿는 장소에는 보관을 피해 주십시오.

교과서 속 융합 지식 박물관 01

지구의 생명

감수 신성호 옮김 박주영

한국헤밍웨이

일러두기

〈헤밍웨이 주니어 백과사전〉의 전체 구성
〈헤밍웨이 주니어 백과사전〉은 언어·철학·한국사·세계사·생물·인체·우주·지구과학·기술·지리·사회·문화·음악·미술·상식·사건·기구 등 인문과학, 자연과학, 사회과학, 예체능 분야는 물론 상식과 한국·세계 인명 등을 수록, 총 40권으로 구성되었습니다.

〈헤밍웨이 주니어 백과사전〉의 표기 방법

1. 맞춤법과 띄어쓰기
- 맞춤법과 띄어쓰기는 국립국어원에서 펴낸 〈표준국어대사전〉을 따랐습니다.
  단, 일부 고유 명사와 복합 명사는 붙여쓰기를 허용했습니다.

2. 부호와 기호
- 원어, 한자 병기, 주석, 설명 등을 넣을 때에는 소괄호 ( )를 사용했습니다.
- 작품명이나 문헌, 도서명은 꺾은 괄호 〈 〉를 사용했습니다.
- 문장으로 끝나지 않고 단어로 끝날 때에는 온점(.)을 생략했습니다.
  단, 단어가 나열될 때에는 반점(,)과 가운뎃점(·)을 사용했습니다.
- 숫자는 아리비아 숫자로 쓰되, 천 단위 구분 기호(,)를 사용했습니다.
  단, 연도를 나타낼 때에는 구분 기호를 사용하지 않았습니다.
- 만 단위를 넘을 때에는 숫자와 한글을 함께 사용했습니다.
- 도량형 단위의 경우는 해당 부호로 표기하되, 어려운 단위는 한글을 병기했습니다.

3. 인명, 지명과 용어
- 외국의 인명과 지명은 국립국어원에서 펴낸 〈외래어 표기 용례집〉을 따랐으며,
  등재되어 있지 않은 외래어는 되도록이면 원음으로 표기했습니다.
- 동식물의 이름은 원어로 표기하지 않고 우리말로 표기했습니다.
- 우리말이 없는 동식물 이름은 원음으로 표기하고, 영어를 함께 써서 이해하기 쉽도록 했습니다.
- 전문 용어는 관련 학술 기관의 용례집이나 표준 용어, 감수자의 의견에 따랐습니다.
- 한자음, 영어 원음만으로 이해하기 어려울 경우에는 한자나 영문을 함께 표기하여 이해하기 쉽도록 했습니다.

4. 연도 표기와 배열 원칙
- 연도는 양력으로 표기했습니다.
- 권말의 용어 풀이는 가나다 순으로 배열했습니다.

차 례

생명의 기원 8

식물계 10

식물의 각 부위 12

식량 공장 14

식물의 생식 16

식물의 생장 18

지구상의 식물 20

동물계 22

무척추동물 24

동물의 움직임 26

어류 28

육식과 초식 30

양서류 32

동물의 번식 34

파충류 36

공룡 38

의사소통 40

조류 42

포유류 44

위험에 처한 동물 46

인간의 몸 48

뼈와 관절 50

근육과 동작 52

허파와 호흡 54

식사와 소화 56

심장과 혈액 58

신경계 60

생식 62

용어 풀이 64

생명의 기원

지구의 생명은 아주 오래전에 시작되었습니다. 지금까지 발견된 화석 중 가장 오래된 생명체의 화석은 박테리아라 부르는 단일 세포 생물입니다. 약 38억 년 정도 된 이 미생물이 지구에 살고 있는 모든 생명체의 조상으로 추정됩니다.

▷ '포자론'은 생명이 지구에서 시작되지 않고 혜성을 따라 외계에서 왔다고 주장합니다. 오래전 혜성들이 지구 표면에 자주 충돌했을 때에 몇몇 혜성이 생명에 필수적인 화학 물질을 가지고 왔다고 합니다.

▽ 생물을 분류하는 과학을 '분류학'이라고 합니다. 여러 가지 면에서 분류학은 중요합니다. 예를 들면, 오늘날 생물 중 어느 생물이 사라진 지 오래된 공룡과 가장 가까운지를 결정할 때 중요하지요.

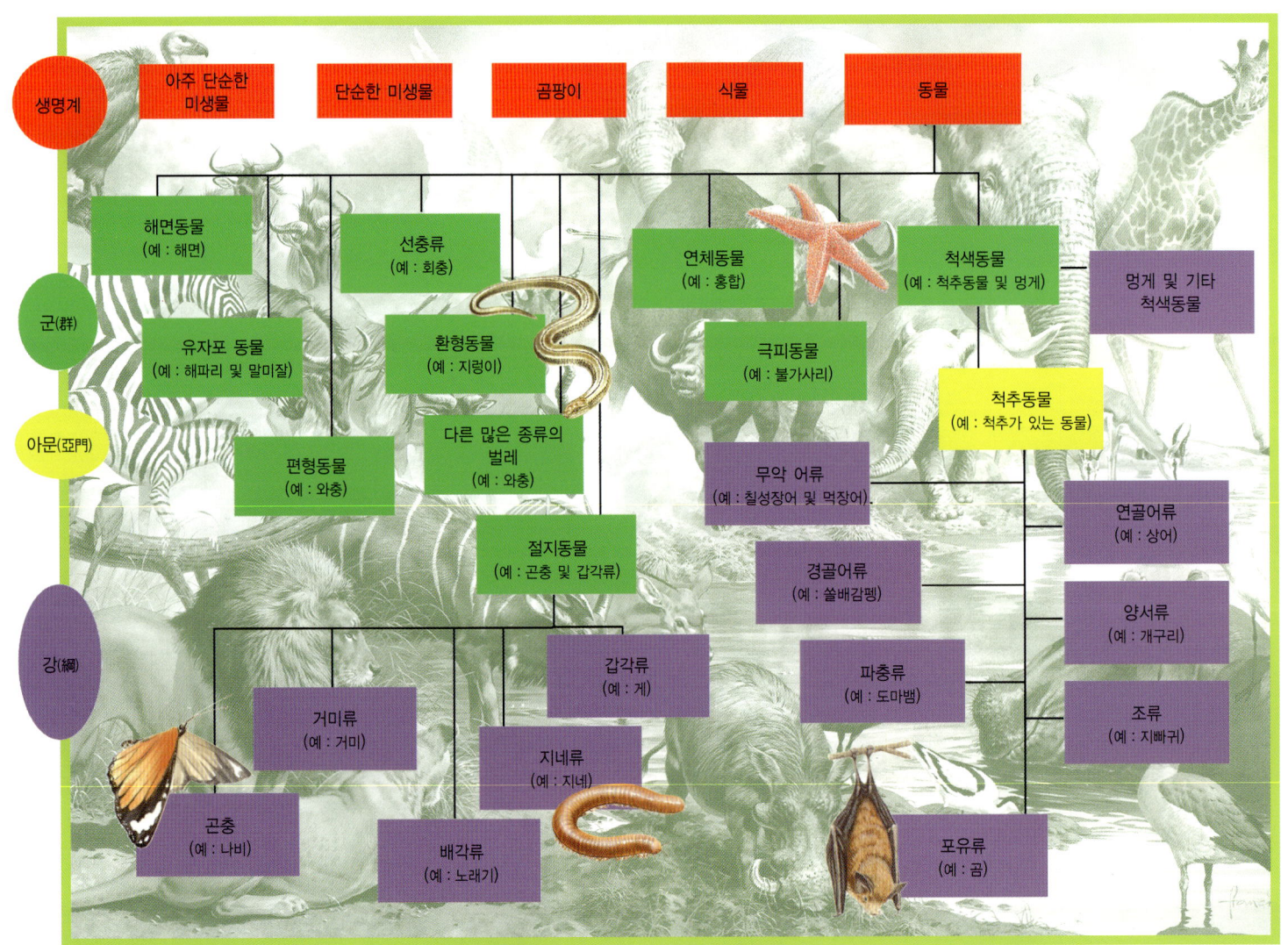

깊이보기

'공룡'에 대한 더 자세한 내용은 38~39쪽을 보세요.

지구의 생명

와우!
과학자들은 지금까지 거의 200만 종 혹은 유형의 동물을 확인했습니다.

지구에서 생명이 어떻게 시작되었는지에 대해 과학자들의 의견은 일치하지 않습니다. 번개와 같은 에너지원이 혼합 화학 물질에 스파크를 일으켜서 생명을 만들었다고 믿는 과학자가 있는가 하면, 혜성을 따라서 혹은 비슷한 다른 방법으로 외계의 생명이 처음 지구로 왔다고 생각하는 과학자도 있습니다. 생명이 어떻게 시작되었건, 초기의 생명체는 아주 단순했고 아주 오랜 시간 동안 그 상태를 유지했던 것 같습니다. 해면이나 해파리 같은 최초의 다세포생물은 7억 년 전에야 등장했습니다.

산호는 식물처럼 보이지만, 폴립이라고 하는 작은 동물이 모여 있는 것입니다.

동물과 식물은 폭발적인 증가 이후 끊임없이 발달하고 변화(진화)해서 오늘날 아주 다양한 생물이 존재하게 되었습니다.

과학자들은 지구상의 다양한 유형(종)의 동식물을 이해할 수 있도록 이를 분류했습니다. 각 생물의 외적 특징에 따라 분류했으며, 비슷한 생물은 같은 범주 혹은 강으로 묶었습니다.

생명체는 군 혹은 계로 나뉜 뒤, 다시 작은 묶음으로 나누어집니다. 예를 들면, 동물계는 군으로 나누어지고, 각 군은 다시 더 작은 단위로 나누어집니다. 같은 묶음에 속한 동물과 식물은 외적인 특징만 비슷한 게 아닙니다. 서로 밀접하게 관계가 있고, 공통의 조상에서 진화해 왔습니다.

사라지는 종들

오늘날 살아 있는 동물 종보다 훨씬 많은 수의 동물 종이 지구에서 사라졌습니다. 새처럼 생긴 파충류인 시조새는 나무에서 살면서 곤충을 사냥했습니다. 깃털이 있었지만 잘 날지는 못했을 거라고 과학자들은 생각합니다.

약 6억 년 전, 지구의 생명은 폭발적으로 증가했습니다. 비교적 짧은 기간 동안 다양한 종류의 동물과 식물이 나타났습니다.

다른 종

같은 종에 속하는 동물 사이에는 생식이 가능합니다. 예를 들어 개는 다른 개와 생식이 가능하므로 같은 종으로 분류됩니다. 개와 고양이 사이에는 생식이 되지 않습니다. 그래서 이 둘은 종이 다릅니다. 각각의 종에는 전 세계 과학자들이 모국어와 관계없이 사용하는 라틴 어 이름이 붙어 있습니다. 인간은 '지혜로운 사람'이라는 뜻의 호모 사피엔스 종에 속합니다.

종의 수

100만	곤충
37만 5000	식물
11만	거미류
10만	선충류
5만	연체동물
2만 7000	어류
2만 6000	갑각류
9,000	조류
6,500	파충류
4,500	포유류

식물계

지구에는 수백만 종류의 생물이 있습니다. 과학자들은 이 생물들을 연구하기 쉽도록 분류했지요. 가장 큰 묶음 중 하나가 식물계로, 40만 가지가 넘는 다양한 식물이 속해 있습니다.

이 식물은 습하고 그늘진 장소에서 자랍니다. 씨앗을 만들지 않으며 물을 나르는 도관(導管)도 없습니다. 이끼는 물 없이도 여러 주를 살 수 있으며, 비가 올 때 스펀지처럼 물을 빨아올립니다.

곰팡이에는 버섯, 독버섯, 효모 및 사상균을 포함해 5만이 넘는 다양한 종이 있습니다. 곰팡이에는 엽록소가 없지만, 다른 식물과 동물, 또는 죽어서 썩은 흙 속의 생물에서 양분을 얻습니다.

지의류는 남극, 산 정상, 사막과 같이 다른 생물이 살지 못하는 여러 장소에서 살아남을 수 있습니다. 남극의 지의류 중에는 4,000년 된 것도 있습니다.

- 이끼
- 우산이끼
- 곰팡이
- 지의류

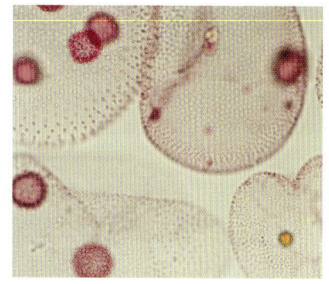

조류는 바다, 호수, 강 및 습지 진흙에 사는 단순한 유기체입니다. 조류는 단일 세포의 미생물 유기체에서부터 60m 이상 자라는 해조(갈조류)의 거대한 엽상체까지 다양합니다.

- 조류 및 해조류

식물성 플랑크톤은 물속을 떠다니는 규조류와 같은 작은 식물로 구성되어 있습니다.

- 미소 식물

지구의 생명

활엽수 및 덤불, 꽃 및 약용 식물 — 넓고 납작한 잎이 자라는 나무, 덤불 및 꽃과 향초입니다. 활엽수는 상록수이거나 낙엽수입니다.

속씨식물 — 속씨식물에는 꽃, 향초, 풀, 야채 및 나무(침엽수 제외)가 25만 종 이상 있습니다. 속씨식물을 '피자(被子)식물'이라고도 합니다.

은행 — 은행은 부채 모양의 잎에 통통하게 살이 오른 노란 씨앗이 있는, 지상에 나타난 지 오래된 나무입니다.

침엽수 — 침엽수는 꽃보다는 원뿔 모양의 구과를 만들어 내는 바늘 모양의 잎을 가진 나무입니다. 침엽수, 소철류 및 은행을 '겉씨식물'이라고도 합니다.

소철류 — 주로 작고 짧고 억센 종려나무 같은 나무입니다. 몇몇은 수천 년 동안 지상에 존재했으며, 줄기 끝을 둥글게 감싸며 자라는 고사리와 같은 잎이 있습니다. 새로운 잎이 매년 돋아나 수년 동안 삽니다.

고사리

석송

속새

세상에서 가장 오래된 식물에 속하며, 공룡들이 활동하던 시절에 흔했습니다. 석송은 한때 나무처럼 크게 자랐지만, 지금은 살아가는 방식이 이끼나 고사리와 비슷합니다.

고사리는 전 세계에서 습하고 그늘진 곳에서 서식합니다. 아주 오래전부터 존재해 온 식물로 4억 년 된 바위 속에서 화석으로 발견되고 있습니다. 석탄은 주로 화석화된 고사리, 속새, 석송으로 구성되어 있습니다. '양치류'라고도 합니다.

깊이보기
'지구상의 식물'에 대한 더 자세한 내용은 20～21쪽을 보세요.

식물의 각 부위

속씨식물은 대개 뿌리, 줄기, 잎, 꽃의 4부분으로 구분됩니다. 각 부분은 식물이 건강하게 살아가는 데 중요한 역할을 합니다.

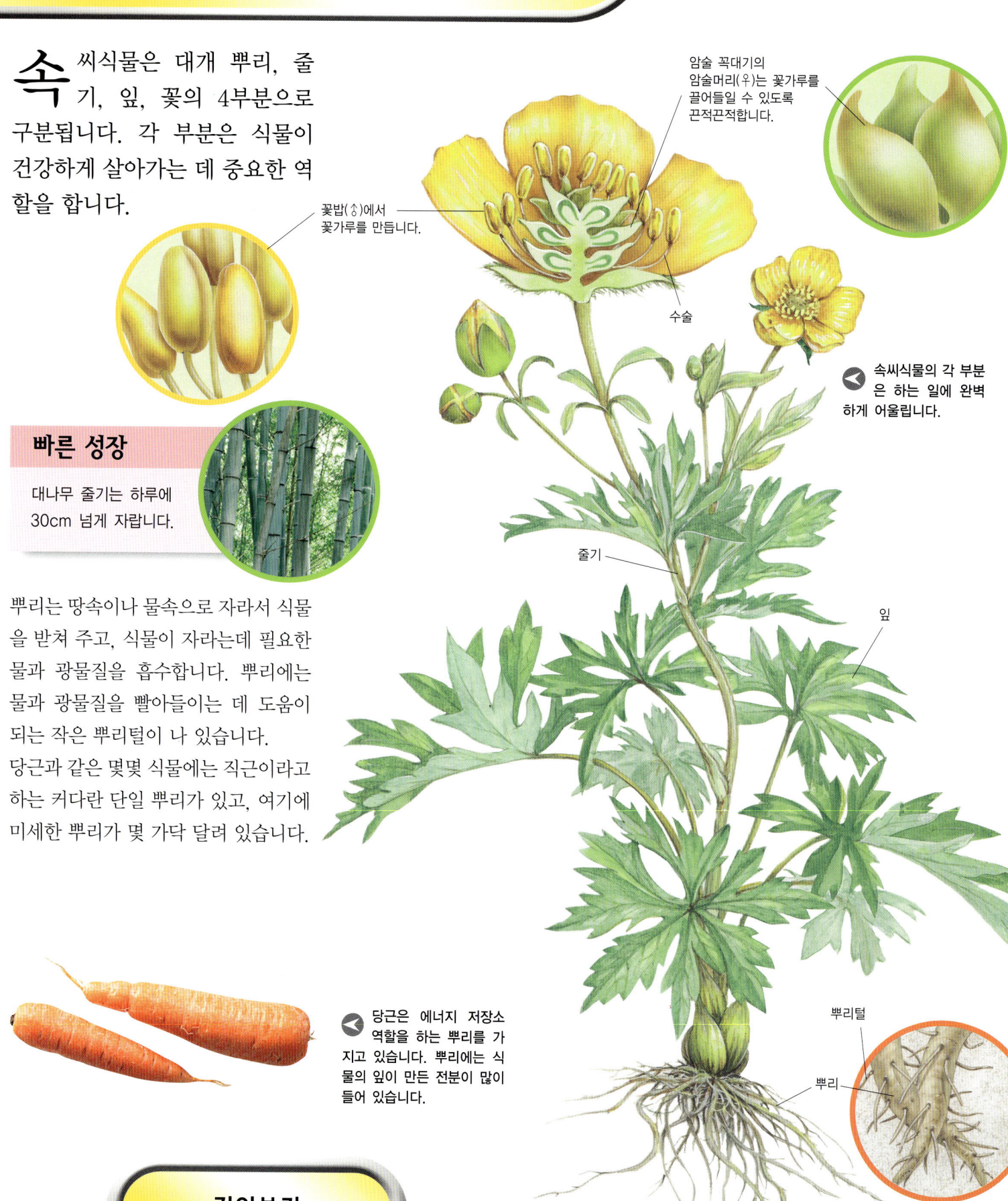

꽃밥(♂)에서 꽃가루를 만듭니다.

암술 꼭대기의 암술머리(우)는 꽃가루를 끌어들일 수 있도록 끈적끈적합니다.

빠른 성장
대나무 줄기는 하루에 30cm 넘게 자랍니다.

수술

◀ 속씨식물의 각 부분은 하는 일에 완벽하게 어울립니다.

줄기

잎

뿌리는 땅속이나 물속으로 자라서 식물을 받쳐 주고, 식물이 자라는데 필요한 물과 광물질을 흡수합니다. 뿌리에는 물과 광물질을 빨아들이는 데 도움이 되는 작은 뿌리털이 나 있습니다.
당근과 같은 몇몇 식물에는 직근이라고 하는 커다란 단일 뿌리가 있고, 여기에 미세한 뿌리가 몇 가닥 달려 있습니다.

◀ 당근은 에너지 저장소 역할을 하는 뿌리를 가지고 있습니다. 뿌리에는 식물의 잎이 만든 전분이 많이 들어 있습니다.

뿌리털

뿌리

깊이보기
'식물의 생식'에 대한 더 자세한 내용은 16~17쪽을 보세요.

지구의 생명

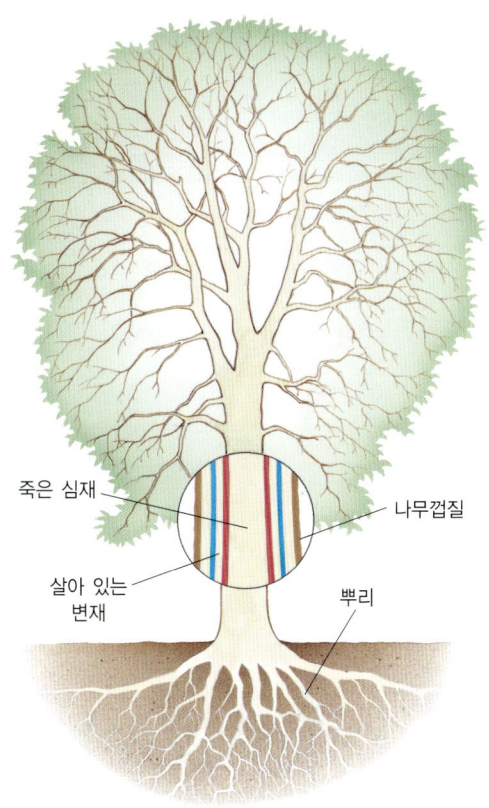

▲ 나무줄기에는 살아 있는 변재와 죽은 심재, 두꺼운 보호층인 나무껍질이 있습니다.

풀과 같은 식물은 곁 뿌리라고 하는 작은 뿌리들이 사방으로 뻗어 있습니다. 꽃은 식물의 생식 기관입니다. 겉씨식물(침엽수, 소철류, 은행)은 꽃이 작고 숨어 있는 경우가 많습니다. 속씨식물(피자식물)은 대개 꽃이 눈에 잘 띕니다.

식물의 줄기는 잎과 꽃을 지탱해 줍니다. 물, 광물질, 양분을 잎과 뿌리 사이에서 운반해 주기도 합니다.

나무의 크고 두꺼운 목질의 몸체를 나무줄기라 부릅니다. 나무가 서 있도록 하는 나무줄기는 두께가 최소 10cm입니다.

와우!

세계에는 유독성 식물이 수천 가지 있습니다. 그중 나이트셰이드는 모든 부분에 독이 있는 치명적인 식물로, 열매를 하나만 먹어도 죽을 수 있습니다.

물 운반

셀러리 줄기를 자르면 끝 부분에 섬유질이 매달려 있는 것을 볼 수가 있습니다. 이 섬유질은 관들이 모인 다발로 '물관부'라고 하며, 식물 내부에서 물을 운반합니다.

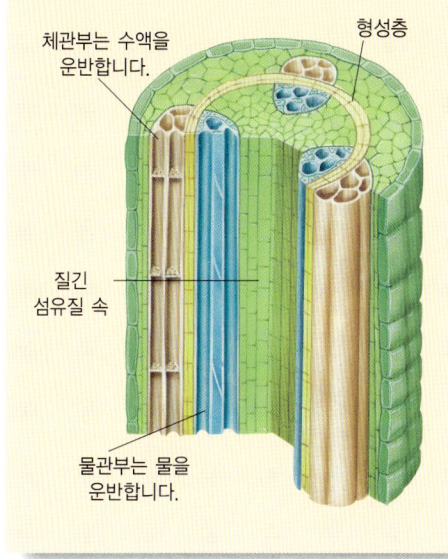

대부분의 사막 식물은 수분 손실을 줄이기 위해 잎이 질긴 밀랍 같습니다. 잎의 수도 몇 안 되고 아주 작습니다. 예를 들어, 선인장 가시는 아주 작은 잎으로 수분 손실을 줄여 줍니다.

녹색 채소의 잎에는 비타민 A, 비타민 E 및 폴산(비타민 B 중 하나)을 포함한 필수 비타민이 많이 들어 있습니다.

뿌리채소는 땅속에서 자라는 식물의 부분입니다.

순무, 스웨덴순무, 비트, 당근, 서양방풍나물 뿌리, 고구마 등은 식물의 실제 뿌리입니다. 감자와 카사바는 덩이줄기 혹은 저장용 줄기입니다.

◀ 사막 식물들은 적응이 잘되어서 비가 안 와도 여러 달 혹은 여러 해 동안 살아남을 수 있습니다.

식량 공장

동물과 달리 식물은 스스로 양분을 만들 수 있습니다. 녹색 식물 하나하나는 태양에서 받아들인 에너지, 공기 중의 이산화탄소, 뿌리에서 빨아올린 물을 결합해 당분을 만들어 내는 놀라운 화학 공장입니다. 이 과정을 '광합성'이라고 합니다.

식물은 세포라는 작은 물질이 모여 덩어리를 이룬 것입니다. 잎의 표면은 햇빛이 통과할 수 있도록 투명하고 편평한 세포로 이루어져 있습니다. 대부분 식물의 잎에는 엽록소라는 화학 물질이 있습니다. 이 엽록소가 햇빛 속의 에너지를 가두어 둡니다. 광합성을 할 때 식물은 햇빛이 가능한 한 많은 엽록소에 닿도록 잎을 펼칩니다.

이 튤립에서 보듯이, 광합성은 햇빛을 이용하여 간단한 화학 물질을 양분으로 변화시키는 과정입니다.

햇빛은 잎에 필요한 에너지를 줍니다.

잎이 공기 중의 이산화탄소를 흡수합니다.

잎에서 산소가 방출됩니다.

수술 · 줄기 · 알뿌리 · 뿌리

생명을 주는 식물들

왕성한 활동을 한 후 신체는 에너지를 낼 때 근육이 사용한 산소를 보충하기 위해 더 빨리, 더 깊이 호흡합니다. 생명을 유지하는 데 필요한 공기 중의 산소는 식물이 광합성을 하는 동안 만들어 냅니다.

식물 신기록

가장 키가 큰 해바라기	7.76 m
가장 느리게 자라는 나무	편백, 155년 동안 10.2cm 자람
가장 긴 해초	마크로키스티스, 60m
가장 오래된 식물	크레오소트 덤불 및 남극 이끼, 1만 2000년 됨
가장 큰 씨앗	자이언트판팜, 최대 무게 20kg

지구의 생명

와우!

모든 녹색 식물은 당을 만들어 냅니다. 우리가 먹는 당 중 많은 양이 열대 식물인 사탕수수에서 나옵니다.

당은 식물 내부의 필요한 곳으로 두루 운반됩니다. 당 중 일부는 즉시 연소되면서 에너지와 이산화탄소와 물을 만듭니다. 이 과정을 '호흡'이라고 합니다. 어떤 당은 전분이라는 물질로 합성됩니다. 식물은 에너지가 필요할 때 이 전분을 다시 당으로 분해하여 사용합니다. 다른 생물과 달리 식물은 햇빛을 찾기 위해 움직일 수가 없습니다. 하지만 태양 쪽으로 자랄 수는 있습니다. 식물의 줄기에는 올바른 방향으로 자라게 해 주는, 빛에 민감한 부위가 있습니다. 식물의 줄기와 잎이 햇빛이 있는 방향으로 자라는 성질을 '굴광성'이라고 합니다.

당 생산자

전 세계의 식물은 광합성으로 매년 약 1,500억 t의 당을 만들어 냅니다.

▲ 양귀비는 알뿌리에 저장된 양분을 사용해 햇빛을 향해 자랍니다. 태양에서 오는 열과 빛 에너지가 없으면 지상에는 어떤 생명도 존재할 수 없습니다.

잎은 숨구멍을 통해 공기 중의 이산화탄소를 빨아들입니다. 줄기와 엽맥을 통해 땅에서 수분을 빨아올리기도 합니다.

태양이 빛나는 동안 엽록소는 태양에너지를 빨아들여 물을 수소와 산소로 나누는 데 사용합니다. 수소는 이산화탄소와 결합해 당을 만들고 산소는 숨구멍을 통해 밖으로 배출됩니다.

◐ 아래 그림은 잎의 일부를 크게 확대한 것입니다. 잎은 햇빛을 최대한 얻기 위해 얇고 납작합니다. 잎의 납작한 부분을 '잎몸'이라 하며, 잎자루는 '엽병(葉柄)'이라고 합니다.

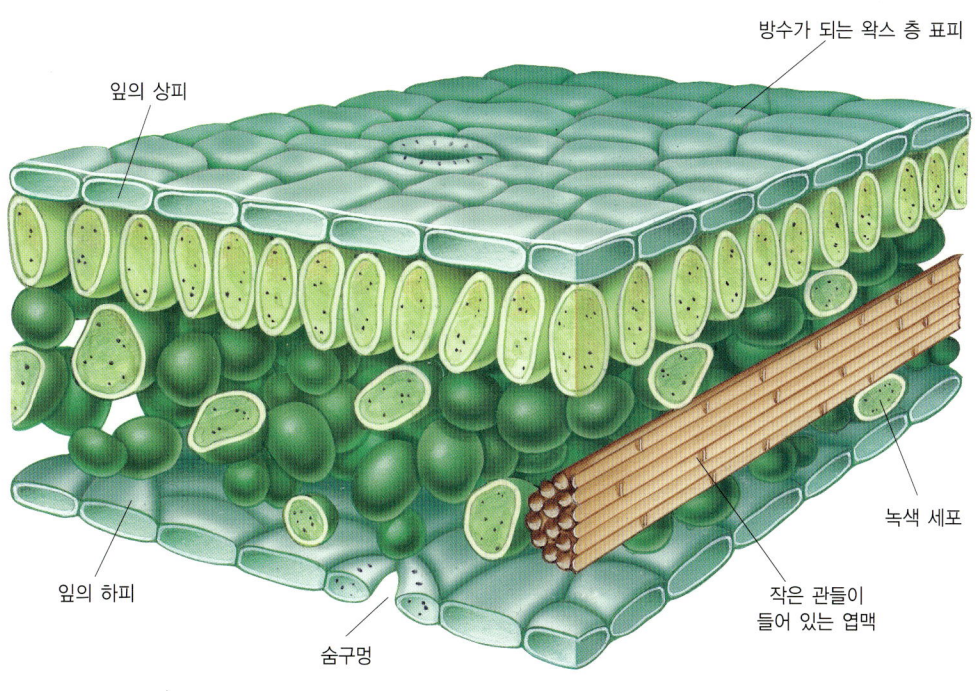

깊이보기

'식물의 생장'에 대한 더 자세한 내용은 18~19쪽을 보세요.

식물의 생식

모든 식물에는 생명 주기가 있습니다. 씨앗에서 싹이 트고 자라서 새로운 식물이 되고 꽃을 피웁니다. 꽃은 수분이 된 뒤 다시 씨앗을 만들어 냅니다.

▼ 두해살이식물은 씨앗에서 성숙한 식물로 자라는 데에 2년이 걸립니다. 성장이 끝나지 않은 식물은 춥거나 건조한 계절을 견디고 계속 자라, 해가 바뀌면 꽃을 피우고 씨앗을 만들어 냅니다.

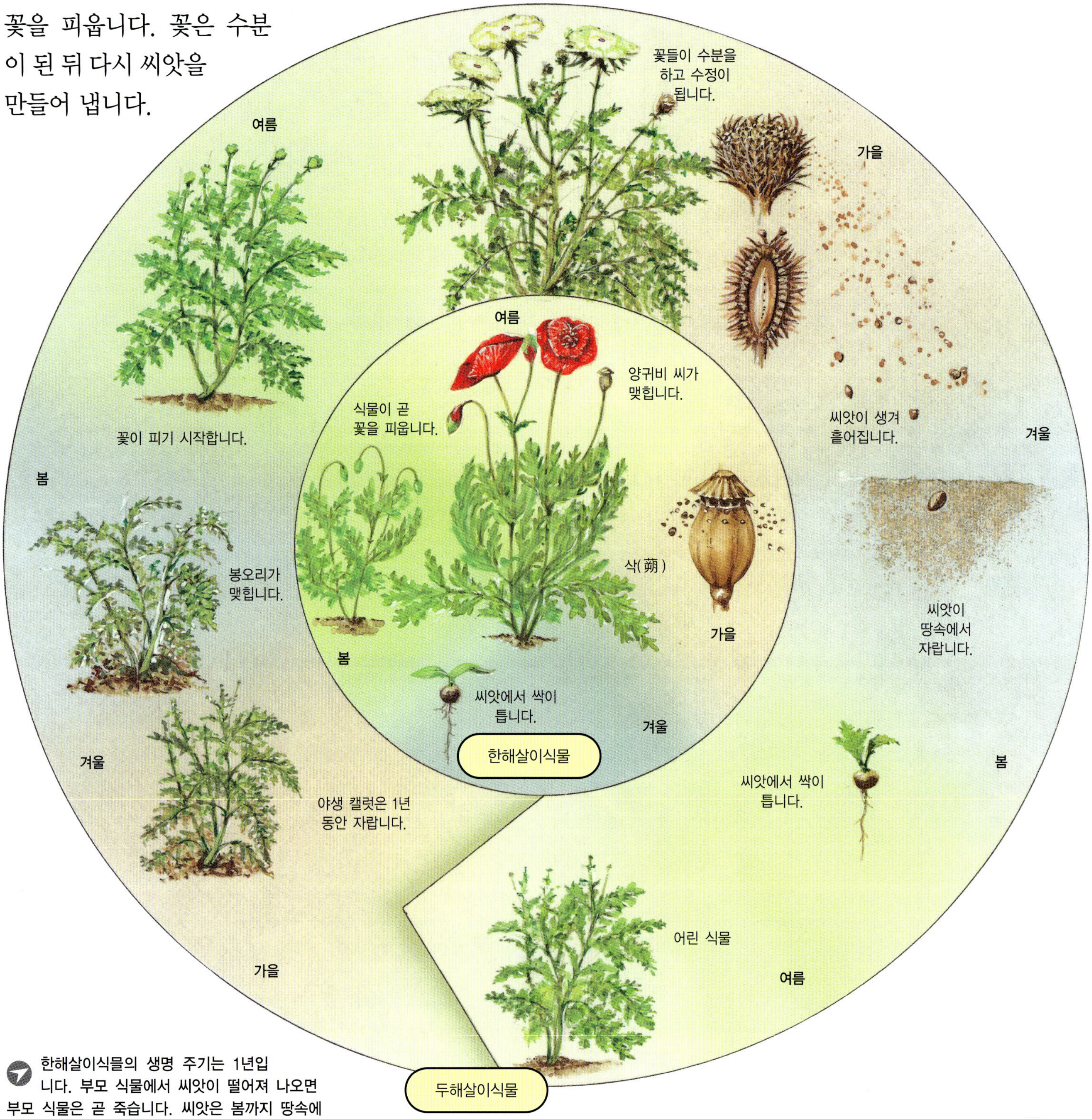

여름 - 꽃이 피기 시작합니다.
봄 - 봉오리가 맺힙니다.
겨울
가을 - 야생 캐럿은 1년 동안 자랍니다.

여름 - 꽃들이 수분을 하고 수정이 됩니다.
가을 - 씨앗이 생겨 흩어집니다.
겨울 - 씨앗이 땅속에서 자랍니다.
봄 - 씨앗에서 싹이 틉니다.
여름 - 어린 식물

여름 - 양귀비 씨가 맺힙니다.
봄 - 식물이 곧 꽃을 피웁니다.
가을 - 삭(蒴)
겨울 - 씨앗에서 싹이 틉니다.

한해살이식물

두해살이식물

▼ 한해살이식물의 생명 주기는 1년입니다. 부모 식물에서 씨앗이 떨어져 나오면 부모 식물은 곧 죽습니다. 씨앗은 봄까지 땅속에 있다가 싹이 터 새로운 식물로 자라납니다.

깊이보기

'식물의 각 부위'에 대한 더 자세한 내용은 12~13쪽을 보세요.

지구의 생명

데이지

눈 모양의 꽃이 낮에는 피었다가 밤이 되면 오므라들기 때문에 '낮의 눈(day's eye)'이라고 부른 데서 '데이지'라는 이름이 붙었습니다.

화분은 화분관을 타고 내려가 밑씨에 도달합니다. 어떤 꽃은 화분관 길이가 10cm가 넘기도 하며 하루 혹은 이틀 만에 자라기도 합니다.

화분 / 암술머리 / 암술대 / 밑씨 / 씨방

화분에서 화분관이 자라납니다.

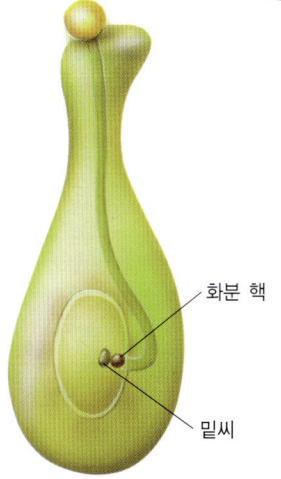

화분 핵 / 밑씨

꽃에는 암수 부분이 둘 다 있어서 수 부분은 '수술'이라 하고 암 부분은 '암술'이라 합니다. 새로운 식물로 자라나는 씨앗은 수술의 화분(꽃가루)과 암술 안의 난세포가 만나서 만듭니다.

암술에는 씨방이 있는데, 이곳에서 난세포가 만들어집니다. 보통 꽃 중앙부에 있는 암술은 짧고 굵은 줄기 모양이며 꼭대기 부분은 끈적거립니다. 이 부분을 암술머리라고 합니다.

수술은 대개 암술 주위에 있고 가늘고 긴 줄기 형태를 띱니다. 화분은 수술 꼭대기에 있는 꽃밥에서 만들어집니다.

꽃이 씨앗을 만들려면 먼저 수분이 일어나야 합니다. 화분이 동일한 종류의 다른 꽃의 암술머리로 옮겨져야 하는데, 이 과정을 '수분'이라고 합니다.

와우!

난초는 세상에서 가장 작은 씨앗을 만들어 냅니다. 난초 씨앗 1g 속에는 놀랍게도 9억 9200만 개의 씨앗이 담겨 있습니다.

화분이 이동하는 방식은 여러 가지입니다. 곤충이나 다른 동물이 운반하기도 하고, 바람이나 물이 운반하기도 합니다. 동물에 의해 수분이 이루어지는 꽃들은 곤충을 끌어들이기 위해 화려한 색을 띠고 있습니다. 바람으로 수분이 이루어지는 꽃들은 대개 색이 칙칙합니다.

화분이 암술머리에 내려앉으면 길고 가느다란 관이 자라나 씨방에 이릅니다. 씨방에는 1~2개의 밑씨가 들어 있습니다. 화분관은 밑씨를 찾아 수정을 합니다.

수정이 일어난 뒤에 밑씨는 씨앗이 되고 씨방은 과일로 변합니다. 그동안 꽃의 꽃잎과 수술 같은 부분은 떨어져 버립니다.

과일은 부풀어오르면서 색깔이 화려해지고 즙이 풍부해져서 먹히게 됩니다. 또는 말라서 풍산 종자가 되거나 '날개'가 생겨 바람에 실려 운반되어 새로운 식물로 자랄 수도 있습니다.

씨앗에는 식물의 배(胚 : 발생 초기의 어린 생물)가 들어 있습니다. 또한 이 배가 자라는 데에 도움이 되는 양분도 저장되어 있습니다.

씨앗은 땅속에 자리를 잡으면 물을 빨아들여 자라고 벌어져서 새로운 식물이 자랄 수 있게 합니다. 이 과정을 '발아'라고 합니다.

씨앗의 순환

동물이 달고 즙이 많은 과일 속의 씨앗을 먹으면 씨앗은 소화되지 않습니다. 씨앗은 동물의 배설물에 섞여 나온 뒤, 그 배설물을 비료 삼아 새로운 식물로 자라납니다.

식물 과(科)

속씨식물	씨앗이 안에 들어 있고, 꽃이 쉽게 눈에 띕니다.
겉씨식물	바람이 수분을 해 주며, 구과 안에 밑씨가 들어 있습니다.
양치류	고사리, 속새, 석송과 같은 단순한 식물들입니다.
선태류	우산이끼와 이끼 등 가장 단순한 육지 식물입니다.
조류	대부분 물속에서 살며, 단일 세포의 규조류부터 거대한 해조류까지 다양합니다.

식물의 생장

작은 식물은 자라기 시작하면 씨앗 속에 저장된 양분을 뿌리와 줄기, 잎을 만드는 물질로 바꿉니다. 씨앗이 온실과 같은 따스한 조건에 계속 있으면 이 변화가 빨리 일어나서 씨앗은 곧 싹을 틔웁니다.

홀씨(포자)

홀씨는 새로운 유기체로 자라나는 특별 세포입니다. 종자식물에서 홀씨는 씨앗으로 자라납니다. 고사리나 이끼 같은 식물과 곰팡이에서 홀씨는 배우체라 불리는 새로운 식물로 직접 발달합니다.

▼ 씨앗에서 식물까지, 콩 씨앗의 발아 단계

1. 알맞은 조건이 될 때까지 씨앗은 휴면합니다.

2. 씨앗이 뿌리를 내리고 싹을 틔웁니다.

3. 싹이 흙을 뚫고 공기 중으로 나아가 떡잎을 키웁니다.

4. 줄기와 뿌리가 길게 자라고, 식물은 곧 새로운 잎을 키우기 시작합니다.

와우!

쌀알은 풀 종류의 씨앗입니다. 쌀은 인기 있는 식량으로, 전 세계에서 매초 6,000t 넘게 먹습니다.

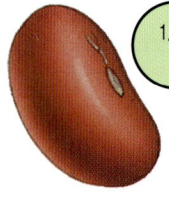 코코넛은 코코야자의 열매입니다. 씨앗은 깍지라고 하는 갈색 목질의 껍질 안에 들어 있습니다.

모든 씨앗이 같은 방식으로 발아하는 것은 아닙니다. 예를 들어 종종 바다로 떨어지는 코코넛은 파도에 휩쓸려서 다른 따스한 해변에 도달하면 새로운 코코야자로 성장합니다.

누가 누가 더 클까요?

가장 큰 풀	대나무	25m
가장 큰 선인장	사와로	18m
가장 큰 고사리	노퍽 섬의 나무고사리	20m
가장 큰 씨앗	코코데메르야자	30kg
가장 긴 잎	라피아야자	20m
가장 무거운 솔방울	콜터소나무	4kg

지구의 생명

항상 씨앗이 생겨나자마자 싹이 나오는 것은 아닙니다. 휴지기나 휴면기에 들어가서, 발아되려면 시간이 걸릴 수도 있습니다.

씨앗 속의 배에는 '떡잎'이라고 하는 씨앗 저장고가 있으며, 이는 겉씨껍질(외종피)이라고 하는 질긴 외부 껍질이 보호하고 있습니다. 식물이 자라나 크기가 점점 커지면 씨앗의 껍질이 갈라집니다.

씨앗에서 자라 나온 어린 식물을 '묘목'이라고 합니다.

뿌리는 맨 먼저 자라 아래로 뻗습니다. 싹은 나중에 나와서 위로 뻗어 갑니다. 새싹은 첫 잎이 광합성 과정을 통해 양분을 만들 수 있도록 햇빛을 향해 자랍니다.

▷ 나무들은 공간과 햇빛을 차지하려고 경쟁하면서 높이 자랍니다. 또, 광합성에 필요한 햇빛이 잎에 닿도록 가지를 넓게 펼칩니다. 낙엽수는 겨울에 잎이 떨어지므로, 낙엽수 아래 사는 식물은 대개 빛을 가장 많이 받을 수 있는 봄에 활짝 피어납니다.

씨앗 속의 양분이 다 떨어지면 식물은 광합성에 의존합니다.

뿌리는 물과 광물질을 빨아올리면서 튼튼하게 자라 식물이 흙 속에 단단히 자리 잡도록 합니다.

나무의 나이

나무를 가로로 자르면 나이테를 볼 수 있습니다. 나이테는 나무가 매년 얼마큼 자랐는지 보여 줍니다. 나이테는 나무껍질 바로 아래 생기고, 가장 오래된 나이테는 나무줄기 중심부에 있습니다. 나이테를 세면 나무의 나이를 알 수 있습니다.

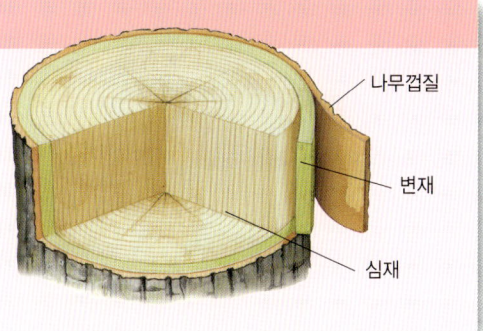

나무껍질 / 변재 / 심재

▲ 광물질이 녹아 있는 빗물이 배어들기 때문에, 심지어 보도의 갈라진 틈에서도 식물은 필요한 햇빛과 물을 얻을 수 있습니다.

▷ 미국산 브리슬콘소나무는 네바다, 유타, 캘리포니아와 같은 서늘하고 건조한 지역에서 아주 천천히 자라기 때문에 수명이 깁니다.

나무는 크게 1년 내내 나뭇잎이 달려 있는 상록수와, 보통 가을에 잎을 떨어뜨리고 봄에 새잎을 내는 낙엽수로 나눕니다.

목재는 특히 오래가고 튼튼한 자재입니다. 목본 식물은 오래 삽니다. 북아메리카의 브리슬콘소나무는 매우 오래 사는 나무들 중 하나로 수령이 5,000년에 달합니다.

나무들이 많이 모여 자라면 숲이 됩니다. 숲에는 침엽수림, 온대림, 열대림의 3종류가 있습니다.

각각의 숲은 기후 조건에 따라서 자리 잡는 지역이 다릅니다. 예를 들어 침엽수림은 겨울이 길고 추운 곳에서 자랍니다.

깊이보기

'식량 공장'에 대한 더 자세한 내용은 14~15쪽을 보세요.

지구상의 식물

식물은 산소를 만들고 동물과 사람이 먹는 식량을 생산합니다. 또한 우리에게 목재, 면화, 물감, 고무, 약 같은 유용한 재료들을 제공합니다.

쟁기질과 파종부터 가을 수확까지, 한 해의 곡물 농사를 순서대로 그린 그림입니다.

밀을 수확하는 늦여름의 추수기

수확 며칠 후, 불필요한 잡초를 없애기 위해 땅을 갈아엎습니다.

겨울이 시작되기 전에 씨앗이 싹을 틔우지만, 이듬해 봄까지 자라지는 않습니다.

땅을 갈고 나면 땅은 쟁기질과 써레질을 할 준비가 됩니다.

추수 약 6주 뒤, 준비된 땅에 씨를 뿌립니다.

목재

세계적으로 해마다 30억 m³의 목재가 사용됩니다. 이는 축구장만 한 넓이에 높이가 에베레스트 산만 한 (8,848m) 나뭇더미에 해당합니다.

식물의 잎, 줄기, 꽃, 수액은 인류 초기부터 약으로 사용되어 왔습니다. 오늘날에도 식물을 이용한 치료법이 전 세계에서 인기가 있습니다.

벼농사는 기원전 3000년경부터 시작되었고, 지금은 세계 인구의 절반 정도가 쌀을 주식으로 하고 있습니다. 벼는 논에서 자랍니다.

꽃말

갈란투스	위로
나팔수선화	기만
데이지	애정
라벤더	불신
바질	증오
백합	자존심
선인장	모성
수선화	이기심
수양버들	슬픔
쐐기풀	잔인함
월계수	영광
은방울꽃	행복이 다시 찾아옴
인동	사랑의 유대
장미	아름다움
제라늄	멜랑콜리
참제비고깔	변덕
튤립	사랑의 선언
해바라기	거짓 부
히아신스	자비

지구의 생명

와우!

물이 가득 찬 논에 사는 박테리아는 과학자들이 지구 온난화에 일조한다고 믿는 메탄가스를 만들어 냅니다.

나무는 아마도 사람들이 처음으로 사용한 식물 재료일 것입니다. 나무는 집과 무기를 만드는 데 사용되었습니다. 약 5,000년 전부터 사람들은 면화 씨앗에서 뽑아낸 섬유로 천을 짜서 옷을 만들기 시작했습니다.

최초로 수확한 식물은 아마도 순무와 같은 뿌리채소였을 것입니다. 곡물과 녹색 채소는 이보다 뒤에 재배되기 시작했습니다.

옥수수는 약 9,000년 전 멕시코 고지에서 테오신트를 재배한 것이 시초입니다.

농부들은 대개 땅의 힘을 기르기 위해 밭에 비료를 줍니다. 또, 곡물을 망치는 질병과 곤충을 막기 위해 화학 물질을 뿌립니다.

고무는 고무나무 수액으로 만듭니다. 생고무는 아주 부드럽지만, 화학 물질을 가해서 단단하게 만듭니다. 이 과정을 '경화'라고 합니다.

조류는 아주 작지만, 새우부터 고래까지 많은 생물에게 중요한 식량원입니다. 또한 수중 생물이 살아가는 데 필요한 산소의 대부분을 만들어 냅니다. 살고 있는 장소에 따라 민물에 사는 담수조류와 바다에 사는 해조류로 나뉘는데, '조류'라고 하면 일반적으로 해조류를 말합니다.

치료용 식물

거의 5만 년 동안 사람들은 병을 치료하기 위해 식물을 사용해 왔습니다. 예를 들어 아스피린은 원래 버드나무 껍질로 만들었습니다. 현대에도 많은 약을 식물로 만들고 있습니다.

▲ 면역계를 강화하고, 감기 치료에 쓰이는 들장미 열매

▲ 쓴맛이 나는 용설란은 한때 해열제와 소화제로 사용했습니다.

▼ 벼는 논에서 자랍니다. 쌀을 수확한 뒤 볏짚은 돗자리와 모자와 신을 만드는 데에 사용합니다.

깊이보기

'당 생산자'에 대한 더 자세한 내용은 15쪽을 보세요.

동물계

수백만 종류 혹은 종이 존재하는 동물은 크게 척추동물과 무척추동물로 나눌 수 있습니다. 벌레, 곤충과 같은 무척추동물은 척추가 없습니다. 도마뱀, 새, 인간과 같은 척추동물들은 척추가 있습니다.

게와 가재는 껍데기가 있는 무척추동물인 갑각류에 속합니다.

게와 가재는 십각류로, 다리가 10개입니다. 첫 번째 다리 쌍은 집게 발로 힘이 세서 먹이를 붙잡고 찢는 데 사용합니다.

벌레는 길고 꿈틀거리는 관처럼 생긴 동물입니다. 지렁이의 몸은 여러 부분으로 나뉩니다.

달팽이와 민달팽이는 작고, 질척거리고, 미끈거리고, 부드러운 몸을 가진 기어다니는 생물입니다. 이 둘은 연체동물군에 속합니다.

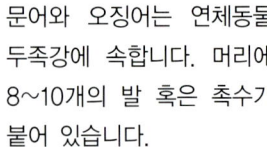

문어와 오징어는 연체동물 두족강에 속합니다. 머리에 8~10개의 발 혹은 촉수가 붙어 있습니다.

거미는 재빠르게 움직이는 작은 동물로, 곤충과 달리 다리가 6개가 아니라 8개이고, 몸은 3부분이 아니라 2부분으로 나뉩니다.

곤충은 작지만 다른 동물 모두를 합한 것보다도 수가 많아서 약 100만 종 정도가 존재합니다.

거미는 거미류라고 부르는 7만종의 생물군에 속합니다. 전갈과 진드기도 여기 속합니다.

파리, 나비, 나방, 딱정벌레, 개미, 메뚜기, 잠자리, 벼룩, 집게벌레, 벌, 말벌은 모두 곤충에 속합니다.

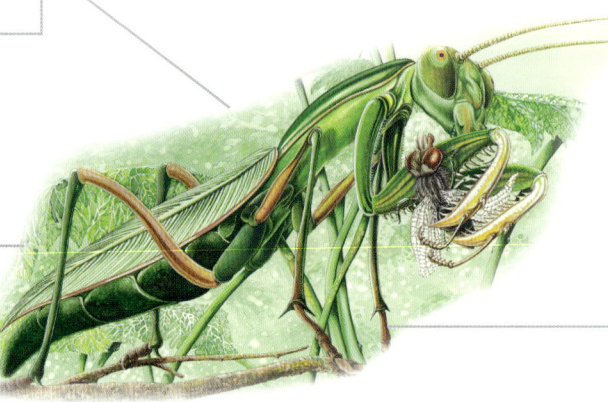

곤충은 다리가 6개이고 몸은 3부분(머리, 가슴, 배)으로 나뉩니다.

깊이보기

'생명의 기원'에 대한 더 자세한 내용은 8~9쪽을 보세요.

지구의 생명

양서류는 땅과 물 모두에서 살 수 있는 동물입니다. 양서류에는 개구리, 두꺼비, 도롱뇽과 영원이 있습니다.

물속에 사는 어류는 대개 몸이 가늘고 유선형입니다. 많은 어류가 비늘이라고 하는 작고 반짝거리는 껍질로 덮여 있습니다.

개구리와 두꺼비는 물속의 커다란 알 무더기에서 올챙이로 태어납니다.

기록에 오른 동물들

가장 키가 큰 육지 포유류
기린

가장 큰 포유류
흰긴수염고래

가장 무거운 육지 포유류
아프리카코끼리

가장 큰 어류
고래상어

가장 큰 육지 육식 동물
북극곰

가장 큰 고양잇과 동물
시베리아호랑이

가장 큰 사슴
알래스카말코손바닥사슴

가장 큰 설치류
캐피바라

가장 큰 나비
퀸알렉산드라버드윙

가장 큰 조류
타조

가장 큰 뱀
그물무늬비단구렁이

가장 작은 말
팔라벨라

가장 작은 조류
벌새

가장 빠른 육지 포유류
치타

가장 느린 육지 포유류
세발가락나무늘보

독이 가장 많은 어류
스톤피시

가장 독이 많은 뱀
가분살모사

가장 독이 많은 해파리
오스트레일리아바다말벌

가장 시끄러운 곤충
아프리카매미

부분의 어류는 뼈대와 척추가 있지만, 상어는 연골이라 불리는 고무 같은 물질로 된 뼈대가 있습니다.

악어, 도마뱀, 뱀, 거북은 모두 파충류입니다.

파충류는 피부에 비늘이 덮인 척추동물로, 다양한 서식지, 특히 더운 지역에서 삽니다.

포유류는 몸에 털이 나 있고, 새끼에게 젖을 먹입니다.

새는 이빨 대신 부리가 있습니다.

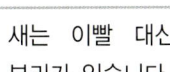

모든 새가 날 수 있는 것은 아니지만, 새에는 모두 깃털이 있습니다.

인간과 달리 새는 새끼 대신 알을 낳습니다.

포유류는 체온을 일정하게 유지할 수 있습니다. 이는 아주 덥거나 추운 지역에서 살 수 있다는 것을 뜻합니다.

무척추동물

무척추동물은 그 크기에도 불구하고 동물군에서 매우 중요합니다. 전 세계 모든 곳, 다양한 서식지, 특히 바다에서 찾아볼 수 있습니다.
무척추동물은 모든 동물 종의 97%를 차지합니다.

곤충은 육지에서 최초로 살기 시작한 생물입니다. 공룡이 나타나기 약 5억 년 전부터이니까요. 그리고 곤충은 최초로 날아다닌 생물이기도 합니다.
곤충의 몸은 튼튼한 껍질(외골격)로 싸여 있어서 뼈가 필요 없습니다. 곤충은 오래된 외골격을 벗어 버리고 보다 큰 것으로 바꾸면서 성장합니다. 이를 '탈피'라고 합니다.

열대 산호초는 다양한 해양 식물과 생물들의 서식지입니다. 수백만 년에 걸쳐 산호 폴립이 쌓여 '산호초'라는 거대한 구조물을 만들어 냈습니다. 산호초 중 하나인 그레이트배리어리프는 우주에서도 보입니다. 길이가 2,000km에 달하는 이 리프는 살아 있는 생물이 만든 어떤 구조물보다도 큽니다.

와우!
문어에게 5까지 세는 법과 다른 형태를 구별하는 법을 가르칠 수 있습니다. 문어는 또한 닫힌 병을 열어 안에 든 작은 게 같은 먹이를 꺼낼 수 있습니다.

해파리는 젤리처럼 물컹거리는 종 모양 몸에 기다란 촉수가 있는 해양 생물입니다. 거대한 해파리 한 마리의 몸체는 폭 2.29m에 길이가 36m가 넘습니다.
딱정벌레는 25만 종이 넘게 알려져 있으며, 바다를 제외한 전 세계에서 찾아볼 수 있습니다. 딱정벌레에는 딱지날개라 부르는 한 쌍의 두껍고 딱딱한 앞날개가 있습니다. 딱지날개는 딱정벌레의 몸을 뒤덮은 갑옷과도 같습니다.

산호초는 바다 속 열대 우림에 해당합니다. 산호초에는 물고기와 다른 바다 생물이 넘쳐 나며, '폴립'이라고 하는 무척추동물들이 만들어 냅니다.
문어는 두족강의 해양 연체동물입니다. 몸이 둥글고 부드럽고 뼈가 없으며, 흡반으로 뒤덮인 8개의 긴 촉수가 있습니다.
달팽이와 민달팽이는 복족강에 속합니다. 복족은 '배가 발'이라는 의미로, 이 동물들은 배를 깔고 미끄러져 나가는 것처럼 보입니다. 대부분의 복족강 생물은 바다에 삽니다. 삿갓조개와 고둥 등이 있습니다.
거미는 포식자이고, 대부분이 곤충을 먹고 삽니다. 눈이 8개인데 시력이 안 좋아서 다리로 진동을 감지해 사냥합니다. 많은 거미들이 먹이를 잡기 위해 비단처럼 부드러운 거미줄을 이용합니다.

흥미로운 곤충들
잠자리의 평균 수명은 24시간입니다.
사마귀는 지구상에서 귀를 1개 가지고 태어나는 유일한 동물입니다.
바퀴벌레는 머리가 없는 상태로 최대 1주일을 살 수 있습니다.
애벌레 몸에는 2,000개의 근육이 있습니다.
금발에, 푸른 옷을 입고, 바나나를 먹으면, 모기에 물릴 가능성이 커집니다.
동물계에서 개미는 몸 크기에 비해 뇌가 가장 큽니다.
동물계에서 가장 무거운 곤충은 골리앗꽃뿔풍뎅이로, 무게가 110g이 넘습니다.
몇몇 열대 바퀴벌레들은 1초 만에 자기 몸 크기의 50배에 해당하는 거리를 움직일 수 있습니다. 이는 운동선수가 1초에 100m를 달리는 것과 맞먹습니다.

깊이보기

'동물의 움직임'에 대한 더 자세한 내용은 26~27쪽을 보세요.

지구의 생명

불가사리는 어류가 아니라 극피동물이라고 하는 해양 무척추동물군에 속합니다. 5개의 튼튼한 '발'을 사용해 굴과 같은 조개류의 껍데기를 벌려 잡아먹습니다.

멀리뛰기 선수

메뚜기는 강력한 뒷다리로 엄청난 높이까지 뛰어오릅니다. 어떤 메뚜기는 3m 넘게 뛰기도 합니다.

유용한 무척추동물

무척추동물은 모든 동물의 생존에 중요한 역할을 합니다. 많은 무척추동물이 새나 파충류 같은 다른 동물의 먹이가 됩니다. 벌, 말벌, 나비와 같은 곤충은 꽃을 수분시킵니다. 이들이 없으면, 우리가 먹는 식물을 포함해서 식물들이 곧 사라질 것입니다(사진은 황제나비).

많은 무척추동물이 다른 동물의 몸에 붙어 살거나 다른 동물의 몸 안에 사는 기생 동물입니다. 촌충은 동물의 내장 속에 살며 그 동물이 먹는 먹이를 먹습니다. 어떤 무척추동물은 병을 퍼뜨립니다. 예를 들어 모기는 말라리아를 옮깁니다.

곤충

해골박각시나방의 애벌레는 길이 12.5cm까지 자라며, 방해를 받으면 딸깍거리는 소리를 냅니다.

말파리는 매우 빨리 날아다니는 곤충 중 하나로, 최대 시속이 39km입니다. 다른 파리들과 달리 조용히 날 수 있어서, 암컷은 먹이 위로 조용히 다가갑니다.

부탄영광나비는 방해를 받으면 날개를 빠르게 접었다 폈다 해서 밝은 오렌지색 무늬를 내보입니다.

톡토기는 심한 추위에서도 살아남을 수 있어서 눈벼룩이라고도 합니다. 얼어붙을 듯 추운 날씨에도 이 곤충은 활발히 움직입니다.

거품벌레 애벌레는 끈적거리는 액을 분비해서 이를 흰색 거품 덩어리로 만듭니다. 거품은 애벌레를 포식자로부터 보호해 줄 뿐만 아니라, 햇볕 때문에 습기가 마르는 것도 막아 줍니다.

물벌레는 물에 잘 뜨지 못해서 헤엄을 멈추면 가라앉습니다. 이 곤충은 연못, 운하, 도랑 바닥에 가라앉아 삽과 같은 앞다리를 사용해 먹이를 긁어모읍니다.

동물의 움직임

동물의 동작을 보면 어떤 동물인지 알 수 있습니다. 동물은 음식과 쉴 곳을 찾고 포식자를 피하기 위해 움직입니다. 벌레부터 곰까지 대부분의 육지 동물들은 움직이거나 이동하기 위해 다리를 사용합니다.
다른 동물들은 날거나, 배를 대고 기거나, 꿈틀거리거나, 건너뛰거나, 미끄러지거나 헤엄을 칩니다.

와우!
곰은 발바닥으로 딛고 걷는 몇 안 되는 동물 중 하나입니다.

굴을 파는 동물들은 다양한 방법으로 움직입니다. 두더지는 강력한 앞발을 삽처럼 이용해 흙을 퍼냅니다. 지렁이는 흙 알갱이 틈으로 나아가기 위해 근육을 수축시켜 몸을 단단하게 만듭니다.
원숭이들은 팔로 나뭇가지를 붙잡고 몸을 흔들어 나무들 사이를 건너뜁니다. 긴팔원숭이의 팔은 다리 길이의 2배로, 갈고리처럼 생긴 손을 이용해 가지에 매달려 있습니다.

물에서 이동하는 것은 공중에서 이동하는 것보다 훨씬 어렵습니다. 근육의 힘이 더 들기 때문입니다. 그래서 물고기는 몸의 5분의 4 이상이 근육입니다.
아프리카넓적발가락도마뱀은 발의 온도를 유지하기 위해 사막에서 뜨거운 모래 위를 춤추듯 가로지릅니다.
벌새와 꿀을 빨아 먹는 박쥐는 짧고 넓은 날개를 재빨리 퍼덕입니다. 한자리에 계속 떠 있을 수 있도록 1초에 100번 정도 퍼덕입니다. 하지만 신천옹은 바람을 타고 바다 위로 솟아올라 단 한 번도 날개를 치지 않고 수백 km를 이동할 수 있습니다.

▲ 치타는 세상에서 가장 빠른 육지 동물입니다. 출발하고 2초 이내에 시속 75km의 속력을 내고 최고 속력은 시속 105km에 이릅니다. 치타의 척추는 매우 유연해서 달릴 때 앞발 사이로 뒷다리를 디딜 수 있습니다. 대부분의 고양잇과 동물과 달리 발톱을 감출 수 없습니다. 달릴 때 발톱은 운동선수의 신발에 달린 스파이크처럼 땅에 박힙니다.

가장 빨리 나는 새
모든 동물 중에서 가장 빨리 나는 것은 송골매입니다. 먹이를 잡기 위해 내려올 때에는 시속 270km로 난다고 기록되어 있습니다.

가장 빠른 육지 동물
치타	시속 105km
가지뿔영양	시속 90km
스프링복	시속 80km
타조	시속 70km
경주마	시속 70km

가장 느린 동물은 세발가락나무늘보로, 평균 시속 0.16km로 움직입니다.

지구의 생명

▶ 커다란 고양잇과 동물의 발에는 짧은 털로 둘러싸인 부드러운 살덩어리가 있어서 발소리가 나지 않습니다. 이 사자의 발에 달린 발톱 하나하나는 구부러져 있고 아주 날카롭습니다.

근육

움직일 때 근육은 수축해서 몸의 여러 부위를 잡아당깁니다. 척추동물에서는 근육이 뼈에 붙어 있어서 이 곰에서 볼 수 있는 것처럼 골격을 구성합니다. 곤충과 거미는 근육이 딱딱한 겉껍질(외골격)에 연결되어 있습니다.

▼ 지렁이는 토양입자들 틈을 꿈틀거리며 지나가면서 부식토를 먹습니다. 몸 주위에 난 뻣뻣한 털들은 지렁이가 뚫은 구멍의 면을 잡으며 계속 앞쪽으로 밀고 나갈 수 있게 해 줍니다.

나는 동물과 헤엄치는 동물 모두 미는 데 사용하는 넓은 표면(공중을 날기 위한 날개, 물속에서 사용하는 지느러미와 꼬리)이 있습니다. 이러한 표면을 사용해 앞으로 나아갑니다. 다른 신체 부위는 조종하고 속력을 낮추는 역할을 합니다.

물은 밀도가 아주 높기 때문에 물고기, 돌고래, 물개 및 다른 해양 동물들은 물속에서 쉽게 움직이도록 유선형 몸체를 갖고 있습니다.

잘 적응하는 동물 중에는 몸에 튀어나온 데가 전혀 없는 것도 있습니다. 황금나무뱀은 빠르게 미끄러지고, 헤엄을 잘 치고, 흙을 뚫고 들어가고, 나무에 오르며, 심지어 나뭇가지에서 뛰어내리기도 합니다. 또 몸을 납작하게 만들어 수 m를 미끄러져 가기도 합니다.

해파리는 몸 아래쪽으로 물을 짜내면서 자유롭게 이리저리 떠다닙니다. 물을 짜내는 것을 멈추면 해파리는 서서히 가라앉습니다.

타조는 포식자를 피하기 위해 아프리카 초원을 시속 70km로 달릴 수 있습니다. 타조는 지쳤을 때에도 근육질 다리를 이용해 엄청난 힘으로 적을 걷어찰 수가 있습니다.

펭귄은 물 밖으로 높이 뛰어올라 얼음 둑에 올라섭니다. 하지만 땅에서는 서투르게 뒤뚱거리거나 배를 깔고 썰매 타듯 미끄러지는 게 고작입니다.

고양이 착지법

어떤 고양잇과 동물은 나무에서 많은 시간을 보냅니다. 카라칼과 같은 고양잇과 동물은 나무에서 떨어지면 몸을 돌려 발로 착지할 수 있습니다.

1. 카라칼이 먹이를 찾아 가지 위를 걷다가 발을 헛디딥니다.

2. 균형 감각이 뛰어나서 곧 몸을 바로 잡습니다.

3. 카라칼이 떨어지면서 몸을 돌리는 데 유연한 척추가 도움이 됩니다.

4. 고양잇과 동물은 근육이 튼튼하고 관절이 매우 유연해서, 땅에 부딪치는 충격을 흡수하며 부드럽게 내려섭니다.

깊이보기

'걷어차며 헤엄치기'에 대한 더 자세한 내용은 33쪽을 보세요.

어류

어류는 5억 년 전에 지구상에 나타나 진화한 최초의 척추동물입니다. 허파 대신 아가미를 이용해 호흡하며, 몸은 대개 비늘로 덮여 있습니다.

어류는 민물(강과 호수)이나 짠물(바다와 대양)에서 삽니다. 몇몇 종은 민물과 짠물 둘 다에서 살 수 있습니다.

와우!

해파리는 뇌도, 눈도, 귀도, 뼈도, 심장도 없으며, 몸의 95%는 물입니다.

어류는 2만 1000종이 넘습니다. 어류는 차가운 피를 가진 척추동물이며 아가미로 호흡합니다.

어류는 산소를 얻기 위해 입으로 물을 삼켜 아가미를 거쳐 내보냅니다. 물은 아가미를 거치면서 체와 같은 기관에 의해 걸러지고, 산소는 물고기의 피로 들어갑니다.

연어는 강과 바다에 사는 어류로, 식용으로 대량으로 잡거나 양식을 합니다. 연어는 내륙 깊숙이 있는 강이나 호수에서 태어나며, 하류로 헤엄쳐 내려가 바다로 갑니다. 여러 해가 지난 후 연어는 알을 낳기 위해 태어난 곳으로 되돌아갑니다.

심해아귀는 칠흑같이 깜깜한 깊은 바다에서 삽니다. 이들은 끝에 불빛이 달린 낚싯대 같은 척추를 이용해 먹이를 끌어들입니다.

상어는 바다에서 가장 무시무시한 포식어류입니다. 어류는 대부분 경골 골격을 가지고 있지만, 상어는 고무 같은 연골 골격을 가지고 있습니다.

▼ 몇몇 어류는 너무 빽빽하게 떼를 지어 있어서 서로 거의 닿을 지경입니다. 이들은 한 덩어리가 되어 선회하면서 방향을 틀거나 돌립니다. 이 광경은 포식자를 혼란스럽게 해서 물고기 한 마리를 골라 공격하는 것을 어렵게 합니다.

민물고기

강, 호수 등 민물은 잉어와 송어를 포함한 갖가지 어류가 사는 서식처입니다. 어떤 물고기는 물에 떠다니는 식물을 먹고, 또 어떤 물고기는 물 표면의 곤충을 잡아먹습니다. 강꼬치고기는 강의 상어입니다. 방심한 물고기와 쥐와 새를 잡아먹으려고 수초들 틈에 숨어 있는 무시무시한 사냥꾼이지요.

깊이보기

'동물의 번식'에 대한 더 자세한 내용은 34~35쪽을 보세요.

가장 큰 어류

세상에서 가장 큰 어류는 고래상어로, 길이가 12m가 넘게 자라기도 합니다. 다른 대부분의 상어와 달리 고래상어는 플랑크톤을 먹을 뿐 다른 생물을 해치지 않습니다.

상어

청소놀래기가 백기암초상어의 입과 아가미 주위에 모여듭니다.

에폴릿상어는 물 밖으로 나와 마른 땅에서 이동할 수 있습니다. 이 상어는 튼튼한 가슴지느러미를 이용해 바위 웅덩이들 틈으로 몸을 끌고 다닙니다.

꿀꺽장어는 대서양 심해 7,500m보다 더 깊은 곳에서도 살 수 있습니다. 어둡고 깊은 물속에서 먹이를 잡기 좋도록 꿀꺽장어의 입은 거대합니다. 이들은 자기 몸보다도 큰 물고기를 삼킬 수 있습니다.

어류 중 거의 75%가 바다에서 삽니다. 황새치와 같이 크고 빠른 물고기는 육지에서 멀리 떨어진 대양에서 삽니다. 이들은 알을 낳거나 먹이를 찾기 위해 자주 이동합니다.

넙치는 어릴 적에는 모습이 다른 물고기들과 별반 다르지 않습니다. 그러나 성장하면서 한쪽 눈이 머리를 돌아 올라가 다른 쪽 눈 가까이 갑니다. 비늘의 무늬도 바뀌어 몸의 한쪽 면은 위가 되고 다른 쪽 면은 아래가 됩니다.

화려한 색깔의 어류 중에는 산호초 근처 따스한 바다에 사는 것이 많습니다. 이들은 색이 매우 밝아서 동족끼리 금방 알아볼 수 있습니다.

가오리는 몸이 납작하고 다이아몬드 모양입니다. 이들은 굴 등의 조개를 먹으며 주로 해저에서 삽니다.

▲ 세상에서 가장 큰 육식 어류는 백상아리입니다. 다 자란 백상아리는 길이가 6m가 더 되고, 몸무게는 1t이 넘습니다. 이빨이 50개가 넘으며 각각 6cm쯤 됩니다. 이빨은 가늘고 면도날같이 날카로워서 먹잇감의 살을 '톱으로 썰듯' 베어 뭅니다. 가끔 이빨이 부러지지만, 그 뒤에서 새 이빨들이 늘 자라고 있어서 이들이 앞으로 나와 부러진 이빨을 대신합니다.

바다의 동물

돌고래는 한 눈을 뜨고 잡니다.
문어 눈의 눈동자는 직사각형입니다.
불가사리는 뇌가 없고 몸을 안팎으로 뒤집을 수 있습니다.
굴은 해마다 성(性)이 바뀝니다.
커다란 전기뱀장어는 650V가 넘는 전기 쇼크를 만들어 낼 수 있습니다.
새우의 심장은 머리에 있습니다.
해마는 유일하게 수컷이 육아낭(어린 새끼를 넣는 몸에 있는 주머니)에서 알을 부화시켜 기르는 동물입니다.

샌드타이거는 엄청난 식욕으로 다양한 종류의 먹이를 먹습니다.

전자리상어는 몸이 넓고 납작하며 몸 색깔이 모래와 같습니다. 해저에 붙어 먹잇감을 기다립니다.

육식과 초식

다른 동물을 주로 먹는 동물을 '육식 동물'이라고 합니다. 어떤 육식 동물은 적극적으로 먹이를 사냥하지만, 훔치거나 매복을 하는 육식 동물도 있습니다. 세상의 동물 중 4분의 3 이상이 식물을 먹는 초식 동물입니다.

고기를 먹는 동물은 바다의 범고래와 상어, 육지의 커다란 고양잇과 동물과 개, 공중의 독수리와 매부터, 작지만 치명적인 뒤쥐, 박쥐, 개구리, 잠자리, 거미, 심지어 말미잘까지 다양합니다.

어떤 동물은 육식으로 보이지 않지만 실제로는 육식입니다. 불가사리는 바위에 붙어 있는 조개를 먹기도 합니다. 불가사리는 거의 하루가 걸려 조개껍데기를 열고 그 안의 살을 먹어 치웁니다.

표범은 쇠똥구리부터 가젤과 같은 커다란 포유류까지 다양한 먹이를 먹습니다. 가젤 정도면 표범이 2주일 동안 먹기에 충분한 먹이입니다. 표범은 다른 배고픈 포식자나 청소 동물이 오르지 못하는 나무 위로 먹이를 끌고 올라갑니다. 표범은 커다란 머리와 강력한 턱으로 먹잇감을 죽여 뜯어 놓습니다.

엄청난 먹보

코끼리는 하루에 150kg의 먹이를 먹습니다. 150kg이면 평균 체격의 성인 2명의 무게입니다.

기린은 길고 검고 강력한 혀를 이용해 가지에 무성하게 난 잎들을 잡아 입속으로 끌어당겨 먹습니다. 머리를 뒤로 젖히고 이빨로 가지를 훑어 잎을 떼어 냅니다. 기린의 혀는 가지에서 나무순과 잎을 거두기 위해 45cm까지 늘어납니다. 세계에서 가장 키가 큰 동물로, 수컷은 뿔 끝까지 키가 거의 6m에 다다라서 먹이를 먹을 때에는 가장 높은 가지에도 닿을 수 있습니다.

잔인한 포식자

많은 육식 동물들은 먹이를 찌르고 상처 입히고 찢어 내기 위한 신체 무기를 갖고 있습니다. 상어, 악어, 고양잇과 동물의 날카롭고 뾰족한 이빨과 거미 입의 송곳니 모양 돌출부, 육식 새의 날카로운 부리, 많은 새와 포유류의 발톱이 그것입니다.

와우!

야생마와 망아지는 날마다 16시간을 풀, 과일, 꽃, 딸기를 먹으며 보낼 수 있습니다.

시궁쥐, 쥐, 다람쥐와 같은 설치류는 계속 자라는 긴 앞니로 딱딱한 씨앗과 견과류를 깨부숩니다. 앵무새는 날카롭고 튼튼한 부리를 이용합니다.

살, 피, 알과 같은 먹이에는 식물에 비해 엄청나게 많은 영양분과 에너지가 들어 있습니다. 그래서 육식 동물은 초식 동물보다 먹는 데 시간을 덜 들입니다. 어느 서식지에서든 육식 동물은 식물을 먹는 동물을 먹고 살아야 하기 때문에 육식 동물보다 초식 동물의 수가 더 많습니다. 초식 동물에는 코끼리, 하마부터 많은 종류의 벌레, 딱정벌레, 나방 및 애벌레가 포함됩니다.

사슴, 대부분의 가젤들, 기린 및 검은코뿔소 등은 잎을 먹는 동물로 나무와 덤불의 잎을 먹습니다. 얼룩말, 소, 흰코뿔소는 풀을 먹는 동물로 땅에 있는 잎과 풀을 먹습니다.

넓은 바다에는 플랑크톤이라고 하는 수십억 마리의 미생물이 있습니다. 고래와 물고기들이 플랑크톤을 먹습니다. 요각류 같은 작은 동물은 플랑크톤을 먹고 보다 큰 동물에게 잡아먹힙니다. 어두워지면 매와 같은 육식 새들은 쉬는 반면, 올빼미는 나뭇가지, 절벽 틈이나 조용한 건물에서 나옵니다. 이 야행성 사냥꾼은 딱정벌레, 쥐부터 어린 토끼와 다람쥐까지 다양한 먹이를 잡습니다.

▼ 스피팅스파이더는 먹이를 잡기 위해 거미줄을 짜는 대신 앞니에서 풀과 같은 화학 물질을 쏘아 냅니다. 이 물질은 공중에서 끈적거리는 실로 변해서 거미의 먹잇감을 꼼짝 못하게 잡습니다.

깊이보기

'엄청난 식욕'에 대한 더 자세한 내용은 37쪽을 보세요.

양서류

양서류는 약 3억 7000만 년 전에 육지에 처음 등장했습니다. 이들은 일생 중 일부를 물속에서 보내고, 육지에 있을 때에도 습기가 많은 서식지를 선호합니다. 개구리류, 두꺼비류, 도롱뇽류, 영원, 뱀이 양서류입니다.

▶ 개구리와 두꺼비의 종류는 약 3,500종입니다. 개구리는 긴 뒷다리로 공중으로 뛰어오르는 뛰어난 뛰기 선수입니다. 대부분의 개구리는 또한 발가락에 빨판이 있어서 미끄러운 표면에 안전하게 내려앉는 데에 도움이 됩니다.

와우!

올챙이들이 모두 스스로 지키며 살라고 방치되는 것은 아닙니다. 화살개구리 수컷은 낙엽 위에서 알에서 깨는 새끼들을 돌봅니다. 그리고 올챙이들을 등에 태워 가까운 물웅덩이로 데려다 줍니다.

- 초록청개구리
- 아룸수련개구리
- 말레이시아뿔개구리
- 나탈유령개구리
- 아프리카발톱두꺼비

대부분의 개구리와 두꺼비는 물 근처에 삽니다. 하지만 나무에 사는 것도 있고 땅속에 사는 것도 있습니다. 양서류는 물과 공기 양쪽에서 호흡할 수 있다는 점에서 신기한 동물들입니다.

개구리는 대개 두꺼비보다 작고 더 잘 뜁니다. 두꺼비가 더 크고, 울퉁불퉁한 피부에 습기를 머금을 수 있어서 육지에서 더 오래 살 수 있습니다.

도롱뇽과 영원은 꼬리가 달린 양서류입니다. 개구리와 두꺼비만큼 흔하지는 않지만, 열대 우림뿐 아니라 보다 추운 기후의 호수와 숲 속에서도 찾아볼 수 있습니다.

독개구리

중앙아메리카의 화살개구리는 피부에서 치명적인 독을 만듭니다. 열대 우림에 사는 사람들은 이 독을 화살과 창끝에 발라 사용합니다.

지구의 생명

걷어차며 헤엄치기

개구리는 대개 펄쩍 뛰어 움직입니다. 이렇게 하면 포식자에게서 빨리 도망칠 수 있습니다. 개구리 발가락 사이에는 피부막으로 연결된 물갈퀴가 있습니다. 개구리는 표면적이 넓은 이 물갈퀴로 걷어차며 헤엄칩니다.

튼튼한 뒷다리로 걸어찹니다.
앞다리가 떨어질 때 충격을 흡수합니다.
물갈퀴가 달린 뒷발을 걷어차며 헤엄칩니다.
앞발은 물을 가르며 방향을 잡습니다.

양서류는 피부가 축축한데, 보통 마르지 않도록 피부가 점액으로 덮여 있습니다.

많은 양서류가 포식자로부터 몸을 숨기기 위해 무늬가 있거나 색깔이 있습니다. 이를 '위장'이라고 합니다.

양서류는 대개 물 근처나 축축한 서식지를 좋아하지만, 사막에서 살 수 있는 두꺼비도 있습니다. 양서류는 몸이 두꺼운 점액층으로 덮여 있고, 가장 뜨겁고 건조한 기간에는 땅속에 숨어 지냅니다.

어떤 양서류는 얇은 피부로 호흡할 수 있습니다. 공기 중에 있던 산소는 곧장 이들의 혈관으로 들어옵니다.

어떤 영원은 허파가 없습니다. 공기를 피부와 입속 피부로 흡수합니다. 그러기 위해서는 피부가 늘 축축한 상태를 유지해야 합니다. 마르면 산소가 통과할 수 없기 때문입니다.

도롱뇽과 영원은 숨기에 그만인 무늬와 색깔로 위장하는 경향이 있습니다. 그러나 어떤 종은 포식자에게 독이 있다는 것을 표시하기 위해 화려한 색을 띠기도 합니다.

개구리와 두꺼비는 육식 동물입니다. 이들은 길고 끈적거리는 혀를 내밀어 빠르게 움직이는 곤충들을 잡습니다.

서아프리카의 골리앗개구리는 세상에서 가장 큰 개구리이며, 25cm 넘게 자랍니다. 가장 큰 두꺼비는 오스트레일리아 퀸즐랜드에 사는 케인토드입니다. 무게는 2.6kg이고 길이는 다리를 쭉 폈을 때 50cm입니다.

1. 개구리 알이 민물에 떠 있습니다.
2. 알에서 올챙이가 나옵니다.
3. 올챙이의 다리가 자라고 어린 개구리로 바뀝니다.
4. 어린 개구리는 꼬리가 없어지고 어른 개구리가 됩니다.

영원은 꼬리를 흔들어 헤엄칩니다.

두꺼비는 겨울 동안 땅에서 겨울잠을 잡니다.

◀ 양서류는 알을 낳을 때가 되면 물로 갑니다. 암컷은 대개 연못이나 시내의 물속이나 근처에다 1,000개에서 2만 개의 젤리 덩어리 같은 알을 낳습니다. 다른 양서류들처럼 개구리는 성체가 되기 전에 여러 단계를 거칩니다. 이러한 변화를 '변태'라고 합니다.

깊이보기

'의사소통'에 대한 더 자세한 내용은 40~41쪽을 보세요.

동물의 번식

번식 혹은 생식, 즉 같은 종을 만들어 내는 것은 모든 생명체에 필수적인 일입니다. 스스로 생식을 하는 동물도 있지만, 짝이 필요한 동물도 있습니다. 알을 낳는 동물도 있지만, 어린 새끼를 낳는 동물도 있습니다.

작고 단순한 동물들은 무성 생식을 할 수 있습니다. 이는 자신과 동일한 후손을 스스로 복제할 수 있다는 뜻입니다. 세포 하나로 구성된 동물들은 생식을 위해 그 세포를 반으로 나눌 수 있습니다.

대부분의 동물은 암컷과 수컷이 짝짓기를 하는 유성 생식을 합니다. 수컷의 정자가 암컷의 알과 만나서, 즉 수정이 되어서 생식이 이루어집니다.

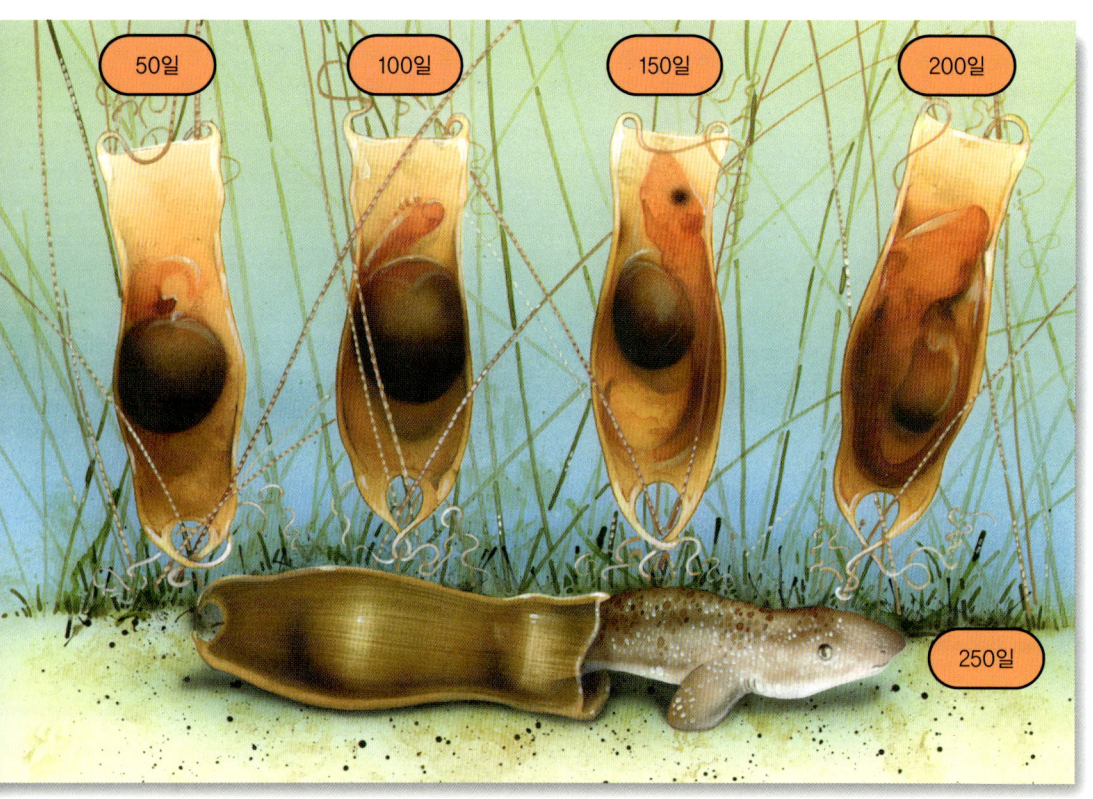

어떤 상어는 알을 낳습니다. 알은 튼튼한 껍질로 싸여 있고 그 안에서 태아가 자랍니다. '인어의 핸드백'으로 알려진 이 주머니에는 긴 실들이 있어서 해조나 바위에 붙어 있게 해 줍니다. 두툽상어의 태아는 느리게 자랍니다. 50일 된 태아는 영양분인 노른자위보다도 작습니다. 태아는 천천히 발달해서 8개월 후 마침내 부화합니다.

와우!

남아메리카개구리의 올챙이는 성체보다 3배 더 큽니다. 다른 생물들과 달리 이 개구리는 성장하면서 점점 작아집니다.

나홀로 짝짓기

진딧물, 편형동물, 거머리 및 더 작은 다른 동물들 중에는 단위생식을 하는 것들이 있습니다. 이는 수컷의 정자가 없어도 알을 만들고 후손을 재생산할 수 있다는 뜻입니다. 대벌레는 암컷이 단위생식을 하면 후손은 모두 암컷이고, 수컷과 짝짓기해서 생식을 하면 후손에 암컷과 수컷이 섞여 있습니다.

어린 동물들

가오리	간자미
개	강아지
개구리	올챙이
고등어	고도리
곰	능소니
꽃등에	꼬리구더기
꿩	꺼병이
농어	껄떼기
누에나방	누에
닭	병아리
돌고기	가사리
말	망아지
매	초고리
매미	굼벵이
명태	노가리
모기	장구벌레
방어	마래미
배추흰나비	배추벌레
소	송아지
솔나방	송충이
숭어	모쟁이
잉어	발강이
잠자리	물송치
청어	굴뚝청어
파리	구더기
호랑이	개호주

지구의 생명

물속에 사는 동물들은 대개 알과 정액을 물속에 방출해서 우연히 수정되도록 합니다. 이를 체외 수정이라고 합니다.

육지에서는 암컷과 수컷이 대개 짝짓기를 합니다. 수컷의 정자가 암컷의 몸 속에 들어가 난세포를 수정시킵니다. 이를 체내 수정이라 합니다.

구애는 수컷과 암컷이 만나 짝짓기를 하는 데에 필수적인 과정입니다.

동물은 짝짓기 후보가 강하고 튼튼한지 확인하기 위해 구애를 이용합니다. 이것은 후손이 더 나은 생존 기회를 가지게 됨을 뜻합니다.

번식이 영역을 소유하는 것에 달려 있는 동물도 있습니다. 영역은 동물이 점유하고 침입자로부터 지키는 장소를 말합니다. 대개 수컷이 영역을 지키고 구애를 합니다.

암컷 나일악어는 모래 강둑을 파서 만든 보금자리에 알을 낳습니다. 그리고 알을 모래로 덮어 일정한 온도가 유지되도록 합니다.

새끼들이 부화하면 피리 소리 같은 울음 소리를 크게 냅니다. 그러면 어미가 모래를 파고 새끼들을 하나씩 강으로 데려다 줍니다.

코끼리나 유인원과 같은 커다란 동물들은 대개 새끼를 한 번에 하나씩만 낳아서 몇 년에 걸쳐 돌봅니다.

유럽의 얼룩민달팽이는 나뭇가지에서 1시간이 넘게 서로의 몸을 감싸 돌며 구애를 합니다. 그리고 점액 끈끈이로 공중에 매달려서 7시간에서 24시간까지 짝짓기를 합니다.

쇼를 하라

암컷 공작은 수컷 공작의 화려한 색의 꽁지가 얼마나 멋진지, 또 얼마나 당당하게 꽁지를 펼쳐 보이는지를 보고 선택을 합니다.

황조롱이, 독수리, 매와 같은 육식 조류는 알을 한 번에 몇 개밖에 낳지 않습니다. 그래서 알을 수집하는 사람 때문에 번식이 큰 영향을 받습니다. 이것이 이런 조류들이 멸종 위기에 처한 이유 중 하나입니다.

▷ 군함조 등 수컷 새들은 짝의 관심을 끌기 위해 화려한 색의 목주머니를 한껏 부풀리는 놀라운 구애 동작을 합니다. 이 새들은 번식기 동안 수천 마리가 짝을 지어 무리를 이룹니다.

▽ 많은 동물이 매년 다른 짝들과 짝짓기를 하지만, 고니와 같은 커다란 새들 중에는 일부일처제인 것도 있습니다. 이들은 평생 짝을 이룹니다. 매년 봄 고니 한 쌍은 목을 걸고 서로를 부르며 관계를 새롭게 합니다. 암컷은 최대 8개까지 알을 낳아서 부화할 때까지 보살피고, 부화한 후에는 암수가 함께 보살핍니다.

깊이보기

'새끼를 많이 낳는 동물'에 대한 더 자세한 내용은 44쪽을 보세요.

파충류

파충류는 약 3억 4000만 년 전에 양서류에서 진화했다고 합니다. 양서류가 비늘이 없고 물에 알을 낳는 데 비해, 파충류는 피부에 비늘이 있고 땅에 알을 낳습니다. 파충류에는 도마뱀, 뱀, 악어, 거북 등이 있습니다.

파충류는 냉혈 동물이지만, 이건 파충류의 피가 차갑다는 뜻이 아닙니다. 냉혈 동물들은 스스로 체온을 일정하게 유지할 수가 없습니다. 체온이 주변 온도에 따라 변하므로, 더운 곳과 추운 곳 사이를 이동해서 체온을 조절합니다.

그물무늬비단구렁이는 아시아와 아프리카의 습기 많은 숲에서 사는 열대성 뱀입니다. 세계에서 가장 큰 뱀으로, 거대한 아나콘다만 그에 견줄 수 있습니다. 그물무늬비단구렁이는 온몸이 하나의 긴 관과 같은 근육으로 되어 있어서 먹이를 둘둘 말아 조여서 죽일 수 있습니다. 보통은 집에서 기르는 고양이 크기 정도의 먹이를 먹지만, 이따금 야생 돼지와 사슴 같은 커다란 먹이를 먹기도 합니다.

와우!

길이가 4~5m인 아프리카 비단구렁이가 영양의 한 종류인 60kg의 임팔라를 뿔부터 통째로 삼키는 것이 목격된 적이 있습니다.

도마뱀은 체온을 스스로 조절할 수가 없어서 온기를 얻기 위해 햇볕에 의존합니다. 도마뱀은 따뜻한 기후에서 살고, 하루에도 여러 시간씩 햇볕을 쪼입니다.

악어

악어는 약 2억 년 전 공룡과 더불어 살았고, 오늘날 살아 있는 동물들 중 공룡과 가장 많이 닮았다고 볼 수 있습니다. 악어는 물가에서 먹잇감이 물을 마시러 오기를 가만히 기다립니다.

난쟁이 악어는 길이가 1.5~2m밖에 안 되며 매우 작은 악어 중 하나입니다. 이 악어는 너무 작아서 먹이도 개구리, 물고기, 새끼 새 정도면 충분합니다.

지구의 생명

파충류는 피를 데우기 위해 햇볕을 쬡니다. 몸이 따스해지면 더 효율적으로 움직이면서 먹이를 사냥할 수 있습니다. 이러한 이유 때문에 파충류는 추울 때에는 대개 활동이 줄어듭니다.

파충류의 피부는 매끈해 보이지만, 양서류의 피부와는 달리 건조하고 수분을 잘 간직할 수 있습니다. 파충류는 아주 뜨겁고 건조한 곳에서도 살 수 있습니다.

파충류는 살아 있는 동안 계속 자라지만, 피부는 그렇지 못합니다. 그래서 파충류는 이따금 껍질을 벗습니다(탈피를 합니다).

▲ 카멜레온은 앞쪽과 뒤쪽을 동시에 볼 수 있습니다. 눈을 따로따로 사방으로 돌릴 수 있기 때문입니다. 카멜레온의 혀는 거의 몸길이만 하지만 보통 입속에 뭉쳐 들어가 있습니다. 곤충과 거미를 먹고 살며, 낮에 나무에서 사냥을 합니다.

엄청난 식욕

수마트라 섬의 코모도왕도마뱀의 무게는 150kg에 달합니다. 사슴과 돼지를 잡아서 통째로 삼킬 수 있습니다.

도마뱀은 여러 가지 방법으로 움직입니다. 달리거나, 빠르게 뛰어다니거나, 슬슬 미끄러지기도 합니다. 발을 아래로 내놓지 않고 옆으로 내놓습니다.

도마뱀은 대부분 알을 낳습니다. 몇몇은 새끼를 낳기도 하는데, 어미 도마뱀은 새끼를 돌보지 않습니다.

크로커다일, 앨리게이터, 카이만, 가비알은 악어군을 구성하는 커다란 파충류들입니다. 악어에는 14종의 크로커다일, 7종의 앨리게이터와 카이만, 1종의 가비알이 있습니다.

보아뱀은 먹이를 조여 죽인 뒤 통째로 삼킵니다. 특별한 턱이 있어서 입을 크게 벌릴 수 있으며, 먹이를 하나 소화시키는 데 며칠이 걸립니다.

2종류의 독뱀이 인간에게 위험합니다. 살무사와 코브라과의 코브라, 맘바 등이 그렇습니다. 인도에서는 코브라 때문에 매년 7,000명이 넘게 죽습니다.

◀ 거북은 무장 탱크와 비슷합니다. 느리지만 등딱지로 아주 잘 보호합니다. 매부리거북은 전 세계의 따뜻한 바다에서 살지만, 아름다운 등딱지 때문에 많이 사냥당해서 거의 멸종했습니다.

깊이보기

'공룡'에 대한 더 자세한 내용은 38~39쪽을 보세요.

공룡

약 1억 6000만 년 동안 공룡은 지상에 군림했습니다. 코끼리보다 훨씬 큰 거대한 육지 공룡들이 있었고, 날아다니는 거대한 파충류들이 공중을 차지했으며, 괴물 파충류들이 바다를 지배했습니다.

와우!
과학자들은 고대 동물들이 무엇을 먹었는지 알아내기 위해 분석(糞石)이라 부르는 화석화된 동물의 똥을 연구합니다.

▲ 마이아사우라 같은 공룡은 주의 깊은 부모였습니다. 이들은 보금자리를 만들어 포식자로부터 알을 지키고, 새끼들이 스스로 살아갈 수 있을 때까지 옆에 있어 주었습니다.

스피노사우루스

안킬로사우루스

▶ 스피노사우루스는 약한 공룡을 잡아먹었지만, 안킬로사우루스 같은 몇몇 먹잇감들은 저항하며 싸웠습니다.

공룡은 약 2억 2500만 년 전부터 6500만 년 전까지 살았습니다. 이 시기를 '공룡 시대' 혹은 '중생대'라고 합니다.

공룡이 어떻게 진화했는지, 어떤 종류의 동물에서 진화한 건지 아무도 정확하게 모릅니다. 조치류(thecodont)라 부르는 일단의 파충류에서 진화했을지 모른다는 설이 있습니다.

튼튼한 도마뱀을 닮은 조치류도 있지만, 어떤 조치류는 진짜 악어로 진화했으며, 악어는 오늘날에도 여전히 존재합니다.

공룡에 대해 우리가 알고 있는 정보는 대부분 화석에서 나온 것입니다. 화석은 한때 살았던 생물의 잔재로 수백만 년 동안 바위 속에 보존되었다가 돌로 변한 것들입니다.

동물이 화석이 되면 근육이나 피부 같은 부드러운 조직은 거의 보존되지 않습니다. 뼈, 이, 발톱과 같은 단단한 조직이 남아 있을 가능성이 큽니다.

공룡 연구
고생물학자는 화석을 연구하는 사람입니다. 공룡이 어떻게 살았는지 알고 이해하기 위해 화석화된 공룡의 잔재와 오늘날의 파충류, 조류, 포유류를 연구합니다.

큰 공룡

	무게	길이
세이스모사우루스	50~80t	50m
안타르크토사우루스	50~80t	30m
브라키오사우루스	50t	25m
디플로도쿠스	12t	23m
아파토사우루스	20~30t	20m

깊이보기

'위험에 처한 동물'에 대한 더 자세한 내용은 46~47쪽을 보세요.

지구의 생명

공룡의 방어

초식 공룡들은 거센 육식 공룡의 먹잇감이지만, 갑옷 같은 판, 방패, 못과 몽둥이 같은 꼬리로 효과적으로 방어 했습니다. 목 주위의 골판과 뿔은 느리게 움직이는 각룡 혹은 '얼굴에 뿔이 난' 공룡을 포식자의 이빨로부터 보호해 주었습니다.

스티라코사우루스는 각룡 중에서 가장 큽니다.

카스모사우루스의 뿔은 중심에 골질이 있어서 목에 상당한 무게를 가했습니다.

트리케라톱스는 비늘들 가운데 여기저기 커다란 혹이 볼록 솟아 있습니다.

공룡은 다른 대부분의 파충류처럼 알을 낳습니다. 어떤 공룡은 알을 보호하고 새끼가 알을 깨고 나왔을 때 돌보았다는 증거들이 있습니다.

벨로시랍토르 같은 공룡은 다른 공룡을 잡아먹는 사나운 사냥꾼이었던 반면, 디플로도쿠스 같은 공룡은 초식 동물이었습니다. 티라노사우루스 렉스는 포식자이자 청소부였던 것으로 추정됩니다. 티라노사우루스는 사냥을 했을 뿐만 아니라, 자연사하거나 다른 사냥꾼이 죽인 동물을 먹기도 했습니다. 티라노사우루스는 커다란 살점을 뜯어낼 수 있는 무시무시한 턱과 날카롭고 잔인한 발톱이 있었습니다.

공룡에게 무슨 일이 일어났을까?

공룡의 멸종에 대해 가장 그럴싸한 설명은 혜성, 소행성, 혹은 운석이 지구에 충돌했다는 설입니다. 지구 역사에서 멸종은 여러 번 있었지만, 약 6500만 년 전 공룡이 사라진 일은 갑작스러운 대재난과도 같았습니다. 충돌 결과 먼지구름이 솟자, 그로 인해 기후 변화가 일어나 식물이 죽고 알이 부화하지 못했으며 다 자란 동물은 굶거나 추워서 죽었습니다.

▶ 공룡은 모두 육지에 사는 파충류였고, 골격 형태에 따라 2개의 집단, 조반류와 용반류으로 나누어집니다. 조반류는 둔부가 새와 비슷하고, 용반류는 파충류와 비슷합니다.

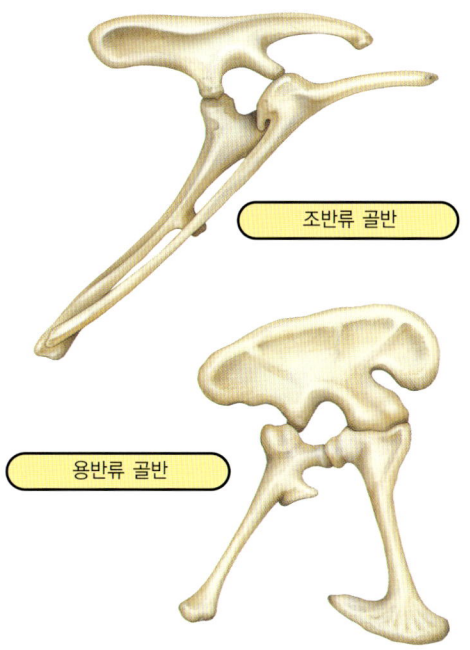

조반류 골반

용반류 골반

세이스모사우루스나 브라키오사우루스 같은 선사 시대 파충류들은 역대 가장 커다란 육지 동물에 속합니다. 무게가 50t인 이 파충류들은 집채만 했습니다. 공룡은 방어와 공격 장비를 잘 갖추고 있었습니다. 어떤 공룡은 머리에 뿔이 있었고, 어떤 공룡은 꼬리와 척추에 못 같은 것이나 골판이 솟아 있었습니다. 육식 공룡은 살을 자르기 위해 커다랗고 뾰족하면서 가장자리가 톱니 같은 이빨이 있었습니다.

공룡은 육지에서 살았지만, 공중이나 바다에서 산 공룡도 있었습니다. 바다에서 살았던 플레시오사우루스류는 헤엄치기 위해 노처럼 생긴 사지를 이용했으며, 몸은 크고 목은 길고 머리는 작았습니다. 프테로사우루스류는 날아다니던 파충류로, 부리가 있고 박쥐 같은 커다란 날개가 있었습니다.

공룡 이름의 의미

브라키오사우루스	팔 도마뱀
브론토사우루스	천둥 도마뱀
디플로도쿠스	2개의 들보가 있는
이크티오사우루스	물고기 도마뱀
프테로닥틸	날개 손가락
스켈리도사우루스	사지 도마뱀
트리케라톱스	뿔 3개 달린 얼굴
티라노사우루스 렉스	폭군 도마뱀 왕
벨로시랍토르	빠른 도둑

39

의사소통

의사소통이란 정보와 메시지를 전달하는 것을 말합니다. 동물들은 의사소통을 위해 소리, 몸짓, 동작을 사용할 뿐 아니라, 냄새, 맛, 접촉 및 전기 신호 방출 등 다양한 방법을 사용합니다.

어떤 메시지는 같은 종에 속한 동물만 이해할 수 있습니다. 예를 들면, 개구리가 암컷을 유인하기 위해 우는 소리가 있습니다. 다른 메시지들은 종종 생명에 위협을 느낄 때 다양한 종들이 이해할 수 있습니다.

색깔 경고

노랑과 검정은 경고할 때 사용하는 가장 흔한 색깔 조합입니다. 이는 포식자에게 그 동물이 독이 있다거나 맛이 고약하다는 표시를 해 줍니다. 거미, 말벌, 화살개구리(사진) 같은 개구리 및 뱀은 모두 이 색깔을 사용합니다. 이러한 동물 때문에 불쾌한 경험을 한 동물은 이후 이런 색의 조합을 가진 다른 동물을 피합니다.

말벌

말벌나방

▲ 어떤 동물들은 다른 동물, 특히 다른 곤충인 척합니다. 말벌나방은 말벌 모습을 흉내 냅니다. 말벌의 침에 쏘이면 아주 아프므로 동물들은 대개 가까이 가려 하지 않습니다. 말벌나방은 해를 끼치지 못하지만, 그 모습 때문에 잡아먹으려 드는 동물이 별로 없습니다.

▼ 동물들은 종종 경고 메시지를 발합니다. 스컹크는 다른 동물에게 가까이 오지 말라는 경고로 흑백의 꼬리를 대담하게 흔듭니다. 이 경고를 무시하면, 꼬리를 쳐들어 고약한 냄새가 나는 액을 뿜어냅니다. 그 냄새 때문에 희생자는 눈이 따갑고 숨쉬기가 힘들어집니다.

의사소통 방법 중 하나로, 더 크게 보이기 위해 뒷발로 서거나 몸을 부풀리는 것은 동물 세계에서 널리 쓰입니다. 이런 종류의 위협 행동은 다른 동물이 공격하기 전에 한 번 더 생각하게 만듭니다. 예를 들어 코브라는 머리를 들고 목의 후드(hood)를 펼쳐 쉭쉭 소리를 냅니다. 겁에 질리거나 화가 난 고양이는 털을 곤두세우고 쉭쉭거리면서 침을 흘립니다.

오랑우탄 수컷은 다른 수컷이 가까이 오지 못하게 경고하려고 트림을 합니다.

꿀벌은 서로에게 '춤을 추어서' 꿀이 든 꽃 등 먹이가 풍부한 곳의 위치를 알려 줍니다. 벌은 8자를 그리며 날면서 몸을 흔들어 먹이가 있는 방향을 가리킵니다.

동물의 두뇌

	뇌의 중량
향유고래	7,800g
돌고래	1,700g
인간	1,400g
낙타	680g
기린	680g
말	530g
소	500g
침팬지	420g
사자	240g
비비	140g
양	140g
개	72g
캥거루	56g
너구리	39g
고양이	30g
고슴도치	25g
토끼	12g
올빼미	2.2g
쥐	2g
개구리	0.1g

지구의 생명

늑대는 신체 언어로 의사소통을 하는 똑똑한 동물입니다. 늑대는 얼굴 표정을 이용하고 서로를 향해 소리를 길게 뽑으며 짖습니다. 사냥하는 늑대 한 무리가 울부짖는 소리는 약 10km 반경까지 들립니다. 이 소리는 다른 늑대에게 가까이 오지 말라는 의미를 갖습니다. 코요테는 귀와 입을 사용해 감정을 표현하는데, 이빨을 드러내 보여 두려움과 분노를 나타냅니다.

갑작스레 위험이 닥치면 같은 무리의 다른 동물들에게 짧고 날카롭게 메시지를 전달할 필요가 있습니다. 토끼는 발을 구르고, 많은 새들이 '쉭' 소리나 '딱딱' 소리를 냅니다. 미어캣은 날카롭게 외칩니다. 포식자가 주변에 있는 것을 맨 먼저 알아차린 비버는 납작한 꼬리를 수면에 세게 부딪칩니다.

까마귀는 서로 의사소통하기 위해 최소 300가지의 다양한 울음소리를 사용합니다. 하지만 까마귀는 다른 지역에서 온 까마귀의 울음소리는 이해하지 못합니다.

와우!

여우원숭이는 같은 무리의 구성원들에게 위험이 위에서 다가오는지, 땅 위로 오는지, 땅속에 숨어 있는지 다양한 소리로 외쳐서 알립니다.

코브라는 머리를 들어 후드를 펼치고 공격자에게 쉭쉭거립니다. 후드를 펼치면 늘어난 피부와 비쳐 보이는 얇은 비늘을 통해서 후드 뒤쪽의 무늬가 보입니다. 어떤 코브라는 독니의 작은 구멍에서 독을 뿜어냅니다. 이 독으로 죽지는 않지만 눈이 멀 수 있습니다.

낯선 동물 식별하기

늑대나 들개는 서로 엉덩이 냄새를 맡습니다. 그래서 나중에 똥을 발견하면 그 똥이 같은 무리의 것인지 낯선 자의 것인지 알아냅니다.

흰코뿔소 수컷은 영역을 표시하기 위해 오줌을 뿌립니다. 이런 방식으로 약 1km² 에 걸쳐 영역을 표시합니다. 냄새가 몸짓이나 소리보다 나은 점은, 메시지를 남긴 이가 다른 곳으로 가고 없어도 남아 있다는 점입니다. 여우, 양 등 여러 동물이 강한 냄새가 나는 오줌을 뿌리거나 영역 근처에 똥을 남깁니다. 이 오줌과 똥을 보면 동물의 나이, 성별 및 건강 상태를 알 수 있습니다.

코코라는 이름의 고릴라는 1,000개가 넘는 수화를 사용하도록 훈련받았습니다. 각 수화 동작은 단어 하나에 해당합니다. 코코는 자기 고양이를 '부드럽고 착한 양이 양이'라고 불렀고, 자신은 '멋진 동물 고릴라'라고 불렀습니다. 코코는 수화를 사용해 IQ 테스트를 해서 95점을 받았습니다.

많은 곤충이 '페로몬'이라는 화학 물질의 냄새를 이용해서 의사소통을 합니다. 이 페로몬은 특별한 분비 기관에서 분비됩니다. 열대나무개미는 10가지 페로몬을 사용하는데, 이를 동작과 결합시켜서 50가지 다양한 메시지를 보낼 수 있습니다.

반딧불이 암컷은 일련의 불빛을 통해서 수컷과 의사소통을 합니다.

깊이보기

'동물의 번식'에 대한 더 자세한 내용은 34~35쪽을 보세요.

조류

조류는 아마도 공룡에서 진화한 것 같습니다. 가장 오래된 화석은 1억 5000만 년 정도 되었습니다. 시조새라 부르는 이 동물은 새처럼 깃털과 커다란 눈이 있었지만, 파충류처럼 돌출한 코와 이빨도 있었습니다.

▼ 호흡계의 허파와 순환계의 심장이 비둘기의 가슴 부위에 있어서 몸 앞부분 중 많은 공간을 차지합니다. 소화, 배설 및 생식계가 몸의 뒷부분을 채우고 있습니다.

닭

닭은 모두 인도의 적색야계의 후손입니다. 5,000년 전에 처음 길들여져서 이제는 200종이 넘는 닭이 있습니다.

새에는 4종류의 날개 깃털(커다란 첫째날개깃, 작은 둘째날개깃, 날개덮깃 및 체형외깃)이 있습니다. 모든 종류의 새는 무늬와 깃털, 색깔 등 자기만의 형태를 지니고 있습니다.

깃털은 가볍지만, 깃가지라고 하는 고리로 연결되어 있어서 비행을 할 만큼 튼튼합니다.

새는 날개를 움직이지 않고 펼쳐서 활공하거나 날개를 퍼덕이는 두 가지 방식으로 비행을 합니다.

모든 새는 딱딱한 알을 낳고, 이 알 안에서 새끼들이 자랍니다. 어미 새의 몸 안에서 새끼들이 자란다면 어미 새는 몸이 무거워서 날지 못할 것입니다.

올빼미는 야행성이라 밤에 사냥합니다. 커다란 눈이 있어서 거의 칠흑같이 깜깜한 어둠 속에서도 볼 수 있으며, 청력은 고양이보다 4배 더 좋습니다.

펭귄은 날지 못하지만 헤엄은 굉장히 잘 칩니다. 날개를 지느러미처럼 이용해 물속에서 앞으로 나아가며, 물갈퀴가 달린 발로 방향을 조절합니다. 깃털은 기름막이 있어서 방수가 되며, 영하 60℃에서도 살 수 있게 두꺼운 지방층이 있습니다.

제비는 아주 빨리 나는 새 중 하나입니다. 동아시아의 바늘꼬리칼새는 시속 240km로 날았다는 기록이 있습니다. 제비는 벌어진 짧은 부리를 이용해 날개 달린 곤충을 잡으며, 멈추지 않고 수천 마일을 날 수 있습니다.

주조류는 크지만 날지 못하는 새입니다. 타조, 에뮤, 키위가 이에 속합니다. 에뮤는 살아 있는 새 중

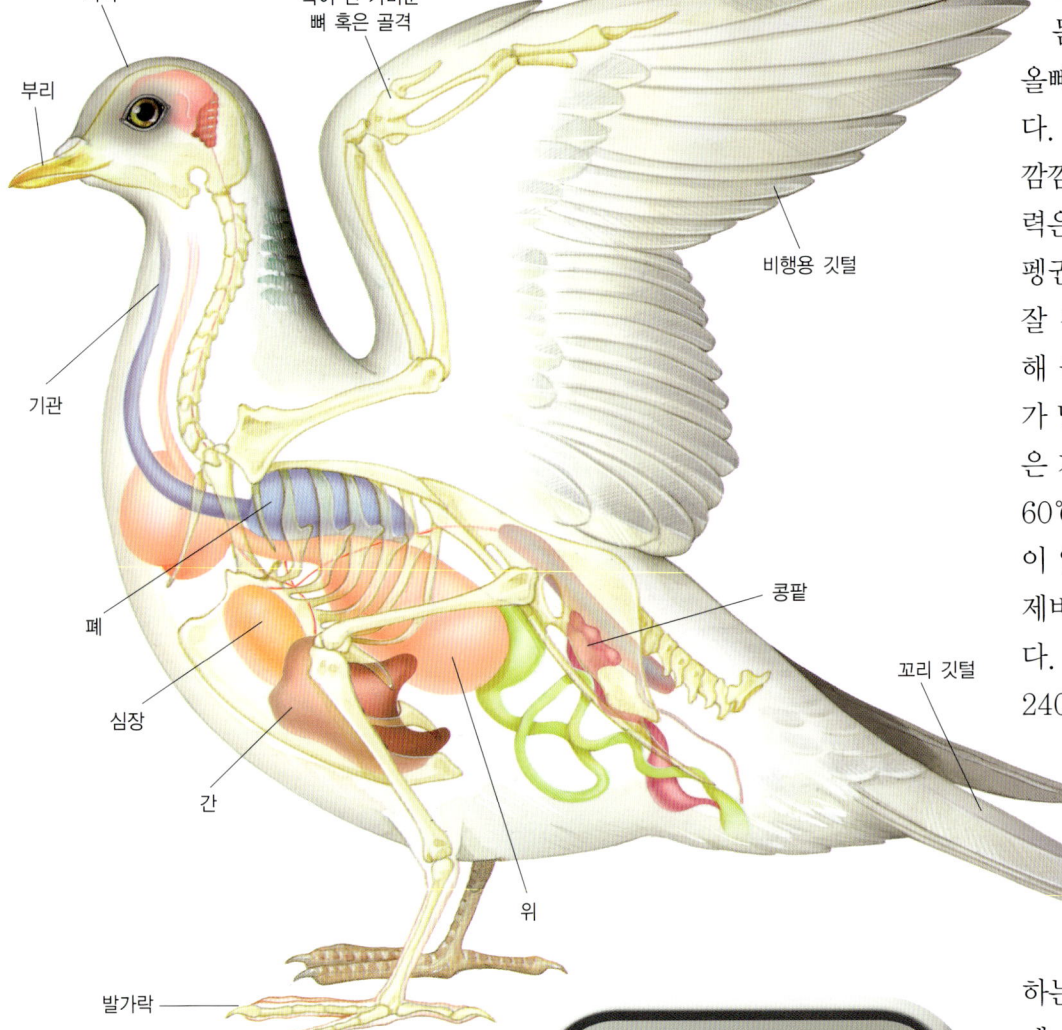

날지 못하는 새 10종

칼라얀뜸부기, 화식조, 에뮤, 카카포, 키위, 타조, 펭귄, 레아, 붕어오리, 웨카

깊이보기

'가장 빨리 나는 새'에 대한 더 자세한 내용은 26쪽을 보세요

지구의 생명

가장 커서 키가 2.75m에 이르며 몸무게는 150kg까지 나갑니다.

강과 호수에 사는 새에는 물총새같이 다이빙해서 물고기를 잡는 새, 뒷부리장다리물떼새나 마도요같이 물가를 걸어다니는 작은 새, 왜가리나 플라밍고같이 물가를 걸어다니는 큰 새, 오리나 거위 같은 물새가 있습니다.

엽조는 꿩, 뇌조, 자고와 같이 스포츠용으로 사냥할 수 있는 새입니다. 엽조는 씨앗을 찾느라 땅에서 시간을 보내며, 위급한 상황에서만 납니다.

동물이 추위를 피하거나 먹이와 물을 찾으려고 한 장소에서 다른 장소로 옮겨 가는 것을 '이동' 이라고 합니다.

철새는 대개 뛰어난 항법사입니다. 예를 들어 털넓적다리미도요는 알래스카에서 9,000km 떨어진 태평양의 작은 섬을 찾아갑니다.

맹금류에는 독수리, 황조롱이, 매, 말똥가리, 콘도르가 있습니다. 대부분 사냥을 하며, 새, 물고기와 작은 포유류를 먹고 삽니다. 대개 부리보다는 발톱으로 먹잇감을 죽입니다.

참새목

모든 새의 종들 중 70% 이상(합쳐서 5,000종 이상)이 나뭇가지에 앉는 새 혹은 참새목에 속합니다. 예를 들면 참새와 찌르레기, 그림에 보이는 노래지빠귀가 이에 속합니다. 참새목 새들은 발가락이 앞쪽으로 3개 뻗어 있고 1개는 뒤로 뻗어 있어서 나뭇가지에 매달려 있는 데 도움이 됩니다. 이들은 작고 깔끔한 컵 모양의 둥지를 지으며, 연이어 지저귑니다.

새들은 다양한 모양의 날개를 갖고 있습니다. 새들은 날개를 스쳐 가는 공기의 흐름을 빠르게 하기 위해 날개를 퍼덕이며 납니다. 날개는 새의 앞다리에 해당합니다. 매와 독수리같이 여러 시간 하늘에 떠 있는 새는 날개가 넓고 깁니다. 제비처럼 빨리 나는 작은 새는 날개가 날렵하고 끝이 뾰족합니다.

와우!

타조 알은 세상에서 가장 큰 알로, 완숙으로 삶는 데 40분이 걸립니다.

알 속에서

새알은 그 속에서 자라는 새끼 새를 보호해 줍니다. 알 속의 노른자위는 새끼 새가 자라는 동안 양분을 제공합니다. 딱딱한 껍데기 말고도 난백이라고 하는 알의 흰자가 새끼 새에게 전해지는 충격을 막아 주고 따스하게 해 줍니다. 껍데기에는 구멍이 나 있어서 새끼 새가 숨을 쉴 수 있습니다.

1. 새끼 새가 알 속에서 껍데기를 조금씩 쪼기 시작합니다.

2. 새끼 새가 난치를 이용해 껍데기를 깹니다.

3. 알 껍데기가 갈라져 새끼 새가 드러납니다.

4. 새끼 새가 버둥거리며 알에서 나옵니다. 스스로 살아갈 수 있을 때까지 부모 새가 몇 주 동안 보살펴 줍니다.

믿거나 말거나

에뮤는 뒤로 걷지 못합니다.
비둘기 뼈는 자기 깃털보다 가볍습니다.
세상에는 사람 수보다 닭 수가 더 많습니다.
엘프올빼미는 날면서 발로 먹잇감을 잡을 수 있습니다.

포유류

오늘날 지상에는 약 4,500종의 포유류가 살아 갑니다. 포유류는 아마도 파충류에서 비롯된 것 같습니다. 인간 역시 포유류입니다. 포유류는 몸에 털이 나 있고, 뇌가 크며, 새끼에게 젖을 먹이기 위해 특별히 유선(젖샘)이 있습니다.

중요한 포유류 무리로 태반 동물과 유대 동물 군이 있습니다. 이 군에 속하는 동물은 새끼를 낳습니다. 세 번째 군인 단공류는 알을 낳습니다. 오리너구리와 바늘두더지는 단공류입니다.

▼ 오리너구리는 강가와 괴어 있는 물에서 삽니다. 밤에 코로 진흙을 파헤쳐 벌레, 조개 및 작은 동물을 찾습니다. 수컷은 뒷발목에 박차 모양의 돌기가 있어서 적의 몸에 독을 박아 넣는 데에 사용합니다.

새끼를 많이 낳는 동물

토끼 한 마리의 새끼가 모두 살아 번식한다면 3년 만에 3300만 마리가 넘는 후손이 생길 수 있습니다.

유대류는 태어날 때에 작고 발달이 덜 되어 있습니다. 보통 새끼들은 보호용 주머니로 들어가서 젖을 빨아 먹으면서 여러 달을 지냅니다.

기린은 5m 넘게 자라는 키가 큰 포유류입니다. 기린은 키가 커서 나무 꼭대기에 있는 잎과 가지, 과일을 먹을 수 있습니다.

유인원은 동물계에서 인간에 가장 가까운 친척입니다. 대형 유인원에는 고릴라, 침팬지, 오랑우탄이 있습니다. 긴팔원숭이는 소형 유인원으로 부릅니다. 우리처럼 유인원은 팔이 길고 손가락과 발가락으로 물건을 쥘 수 있습니다. 그리고 똑똑해서 막대기와 돌을 도구로 사용할 수 있습니다.

모든 포유류의 귀에는 고막에서 속귀로 소리의 진동을 전해 주는 자그마한 뼈가 3개 있습니다.

박쥐는 유일하게 날아다니는 포유류입니다. 대부분의 박쥐는 곤충이나 과일을 먹고 살지만, 피먹이박쥐는 소나 말 같은 동물의 피를 빨아 먹고 삽니다.

사자는 호랑이와 더불어 고양잇과 중 가장 커서 무게가 230kg까지 나가며, 사자 수컷은 길이가 3m에 달하기도 합니다. 사자는 대개 초지나 관목 덤불에서 가족끼리 무리를 지어 삽니다.

포유류는 이빨 모양이 다양합니다. 갈기 위한 끌 같은 이, 싸우고 먹잇감을 죽이기 위한 송곳니, 날카롭게 베어 무는 이와 윗면이 납작해서 으깨는 데 쓰는 이가 있습니다.

고래, 돌고래(dolphin)와 돌고래류(porpoise)는 바다와 대양에 주로 사는 고래류라 부르는 커다란 포유동물들입니다. 돌고래와 돌고래류는 작은 고래입니다. 흰긴수염고래는 가장 큰 동물로 30m 이상 자랄 수 있습니다.

코끼리는 살아 있는 육지 동물 중 가장 큽니다. 코끼리는 4m까지 자랄 수 있고, 무게는 10톤에 이릅니다.

코끼리는 육지 동물 중에서 뇌가 가장 큰 똑똑한 동물이기도 합니다. 코끼리는 기억력도 좋습니다.

깊이보기

'동물의 움직임'에 대한 더 자세한 내용은 26~27쪽을 보세요.

지구의 생명

갓 태어난 캥거루

갓 태어난 캥거루는 털이 없고 팔이 달린 젤리 인형같이 생겼습니다. 새끼는 어미 배에 난 털을 헤치고 올라가 주머니 속으로 들어갑니다. 주머니 속에서 아기 캥거루('조이'라고 부름)는 젖을 빨며 6개월에서 8개월 동안 자랍니다.

와우!

밤에 사냥하는 박쥐는 눈을 쓸 필요가 없습니다. 그 대신 박쥐들은 초음파를 내어 그 반사음으로 거리와 방향을 알며, 먹잇감을 찾습니다.

커다란 고양잇과 동물들

설표는 두꺼운 털을 가지고 있어서 심한 추위도 견딜 수 있습니다. 눈 속에서 설표의 회색 털은 위장에 도움이 됩니다.

카라칼은 건조한 곳에서 살 수 있습니다. 털이 황금색이라 갈색 식물들 틈과 모래 토양에서는 쉽게 눈에 띄지 않습니다. 카라칼은 자기 몸길이의 4배까지 점프할 수 있습니다.

퓨마는 운동 신경이 아주 뛰어납니다. 뒷다리가 길고 근육이 잘 발달해 있습니다.

재규어는 이빨이 크고 두껍고 턱이 굉장히 강력해서 거북도 먹을 수 있습니다.

사자는 드넓은 초지, 사바나에서 삽니다. 사자의 엷은 털 색깔은 탁 트인 평원의 마른 풀과 잘 어우러집니다.

세계에서 가장 신비로운 고양잇과 동물은 구름무늬표범입니다. 낮에는 종일 잠을 자고 밤에만 사냥을 합니다.

포유류 신기록

가장 키가 큰 육지 포유류	기린	최대 6m
가장 큰 포유류	흰긴수염고래	최대 33.5m
가장 무거운 육지 포유류	아프리카코끼리	6t 이상
가장 빠른 육지 포유류	치타	시속 105km
가장 느린 육지 포유류	세발가락나무늘보	1분에 2m를 기어감

위험에 처한 동물

앞으로 몇 시간 후 세계 어느 곳에서 동물 1종이 또 멸종할 것입니다. 영원히 사라진다는 뜻입니다. 이렇게 사라지는 동물은 아주 희귀한 새이거나 포유류, 혹은 딱정벌레 같은 곤충입니다.

멸종하는 동물들

대왕판다는 현재 중국 남부와 서부에만 서식합니다. 야생 상태로 남아 있는 개체는 1,000마리가 안 되며 멸종할지도 모릅니다. 우리가 미처 발견하기도 전에 지구상에서 영원히 사라질 수 있는 종이 많습니다. 지상에는 약 2000만 종의 동물이 있는 것으로 추산되지만, 이 중 200만 종에는 아직 이름도 붙이지 못했습니다.

와우!

선사 시대에는 몇 번의 대량 멸종이 있었습니다. 가장 규모가 큰 멸종은 2억4000만 년 전에 약 95%의 생물이 사라졌던 일입니다. 그리고 6500만 년 전에는 공룡이 사라졌습니다.

 아마존 강, 갠지스 강 및 대규모 수로에 사는 희귀한 강돌고래는 여러 가지 문제에 직면해 있습니다. 강돌고래가 사는 물이 화학 물질로 오염된 데다가, 어부들과 먹잇감을 놓고 경쟁해야만 합니다. 또한 이들을 갈갈이 찢어 놓을 수도 있는 배의 프로펠러를 피해야 하고, 돌고래들의 초음파 의사소통을 방해하는 시끄러운 엔진 소리도 피해야 합니다.

△ 1500년대에 유럽 선원들이 도착했을 때 도도는 인도양 모리셔스 섬에 살고 있었습니다. 선원들이 식용으로 도도를 죽였고, 쥐와 고양이가 새의 알을 먹어 치웠습니다. 1680년에 도도는 멸종해 버렸습니다.

동물에게 가장 큰 위협은 서식지 파괴입니다. 목재용으로 숲을 벌채하거나 주택과 공장 혹은 도로를 전원 지역에 지을 때 동물의 서식지가 파괴됩니다. 호랑이는 이빨 때문에 종종 죽임을 당합니다. 동양 의학에서는 호랑이 이빨을 약으로 쓰기 때문입니다. 야생 동물 사냥을 즐기는 이들이 호화로운 모피를 얻으려고 호랑이를 죽입니다. 호랑이는 멸종 위기에 처한 동물입니다. 이는 영원히 사라질 수도 있다는 뜻입니다. 가난한 나라 사람들이 먹고살기 위해 애쓰는 가운데 어떤 이들은 야생 동물을 사냥해서 애완동물이나 먹을거리로

멸종에 처한 종들

세계 야생 생물 기금(WWF)은 2004년에 불법 거래로 가장 큰 위험에 처해 있는 세계의 동식물 10종을 발표했습니다.

1. 백상아리
2. 나폴레옹피시(산호초에 사는 물고기)
3. 라민나무(열대 경목)
4. 호랑이
5. 강거두고래
6. 코끼리
7. 돼지코자라
8. 쇠노란관앵무
9. 나뭇잎도마뱀붙이
10. 아시아주목나무

팝니다. 이런 동물에는 유인원, 원숭이, 열대 새, 도마뱀과 뱀이 있습니다.

백상아리는 재미 삼아, 혹은 수영하는 사람들의 안전에 위협이 된다고 여겨 자주 잡습니다. 그러다 보니 지금은 멸종 위험에 처해 있습니다.

아메리카들소는 간신히 멸종 위기에서 벗어났습니다. 200년 전에는 수백만 마리가 대평원을 배회했지만, 1800년대에 사냥꾼들이 대부분 죽이는 바람에 1881년에는 551마리만 남았습니다. 보호를 받으면서 그 수가 증가해서, 현재는 미국과 캐나다에 3만 마리 넘게 있습니다.

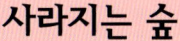 황금사자비단원숭이와 같은 동물의 서식지가 파괴되면 이들은 다른 곳에서 먹이를 찾거나 번식할 수가 없습니다. 그래서 그 수가 줄어들다가 모두 죽게 됩니다. 멸종 위험에 처한 동물은 포획해서 사육할 수 있습니다.

사라지는 숲

세계 열대 우림의 거의 절반이 지난 50년간 농경지와 건물을 짓기 위해 정리하면서 파괴되었습니다.

발전소와 차량이 연기를 공중으로 뿜어 냅니다. 공장에서는 하수도를 통해 강과 호수와 바다에 유독 물질을 쏟아 냅니다. 농경지에서 씻겨 내려간 살충제와 제초제(곤충과 잡초를 죽이는 약)가 수원으로 들어갑니다. 이들이 모두 자연환경을 심각하게 해칩니다.

잘 운영되는 동물원과 야생 동물 공원은 보존(미래를 위해 야생 동물을 구하는 일)을 위해 아주 중요합니다. 이런 곳에서 동물을 안전하게 연구하고 사육한다면 언젠가 야생으로 돌려보낼 수도 있을 것입니다.

세계 여러 곳, 특히 가난한 지역에서 동물들이 위협받고 있습니다. 가난한 이들은 스스로 살기도 힘겨워 자기 네 땅의 야생 동물을 잘 돌보지 못합니다.

생태 관광은 세상의 부를 공평하게 나누는 데 도움이 될 수 있습니다. 사람들은 사파리 여행을 통해 서식지에서 희귀 동물을 보고 돈을 지불합니다. 이렇게 모인 돈은 현지인들과 보존 프로젝트를 후원하는 데 쓰입니다.

깊이보기

'공룡'에 대한 더 자세한 내용은 38~39쪽을 보세요.

인간의 몸

세상에는 60억이 넘는 인체가 있으며, 각 신체는 고유한 특징을 가지고 있습니다. 각 신체 내부는 대부분 같은 방식으로 구성되어 있고, 또 같은 방식으로 작용합니다.

신체에서 가장 큰 내부 기관은 간입니다.

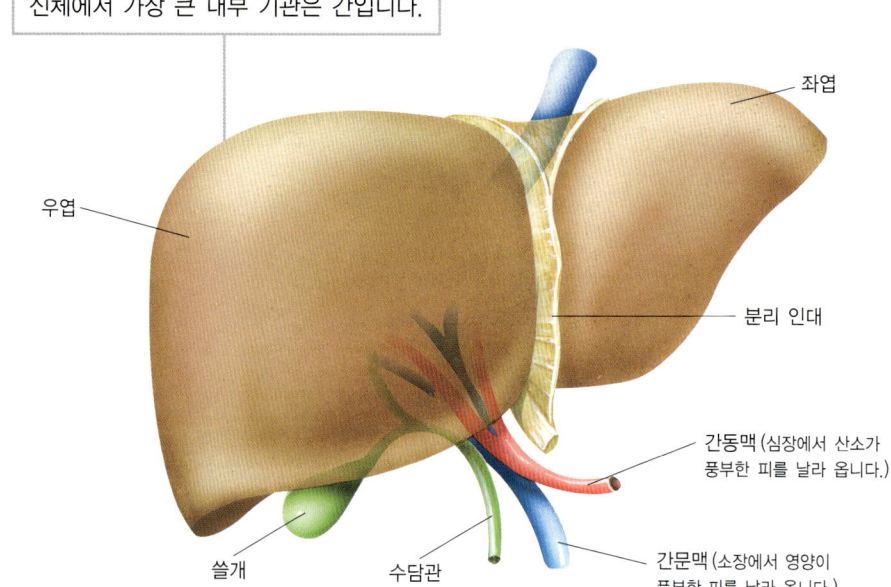

- 좌엽
- 우엽
- 분리 인대
- 간동맥 (심장에서 산소가 풍부한 피를 날라 옵니다.)
- 쓸개
- 수담관
- 간문맥 (소장에서 영양이 풍부한 피를 날라 옵니다.)

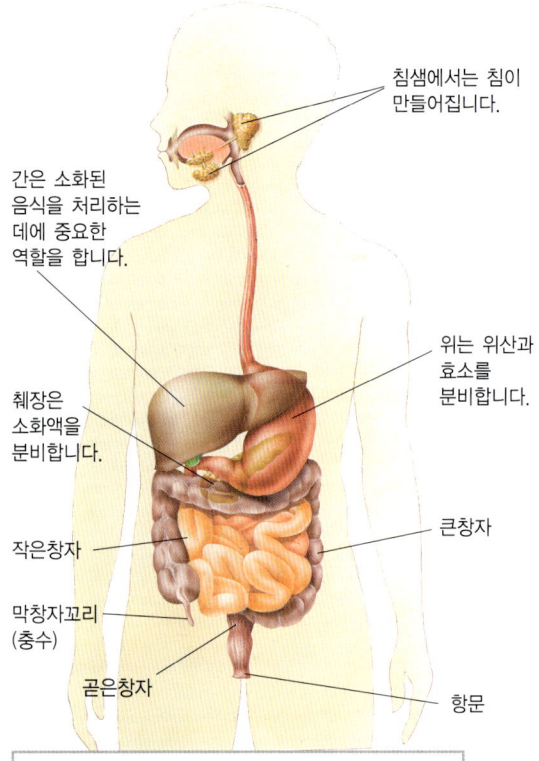

- 침샘에서는 침이 만들어집니다.
- 간은 소화된 음식을 처리하는 데에 중요한 역할을 합니다.
- 위는 위산과 효소를 분비합니다.
- 췌장은 소화액을 분비합니다.
- 작은창자
- 큰창자
- 막창자꼬리 (충수)
- 곧은창자
- 항문

소화계는 신체 안에 고리 모양으로 둘둘 말려 있는 통로입니다. 음식은 소화관을 따라 내려오면서 분해되어 소화됩니다.

세포는 신체를 구성하는 단위로, 담당하는 역할에 따라 크기와 모양이 다릅니다. 다양한 세포 기관(세포의 특별 부위들)이 세포가 제대로 작용하도록 해 줍니다. 명령은 세포의 지휘부인 세포핵에서 내립니다.

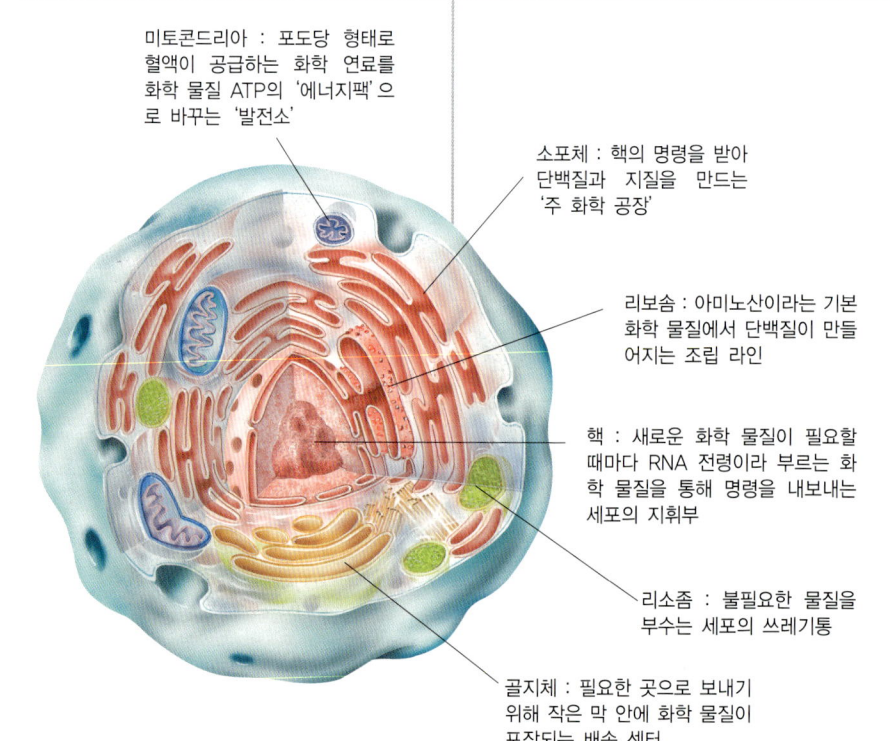

- 미토콘드리아 : 포도당 형태로 혈액이 공급하는 화학 연료를 화학 물질 ATP의 '에너지팩'으로 바꾸는 '발전소'
- 소포체 : 핵의 명령을 받아 단백질과 지질을 만드는 '주 화학 공장'
- 리보솜 : 아미노산이라는 기본 화학 물질에서 단백질이 만들어지는 조립 라인
- 핵 : 새로운 화학 물질이 필요할 때마다 RNA 전령이라 부르는 화학 물질을 통해 명령을 내보내는 세포의 지휘부
- 리소좀 : 불필요한 물질을 부수는 세포의 쓰레기통
- 골지체 : 필요한 곳으로 보내기 위해 작은 막 안에 화학 물질이 포장되는 배송 센터

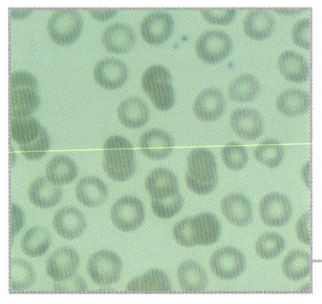

몸에는 50조 개의 세포가 있습니다.

지구의 생명

붉은 혈관은 동맥입니다.

조직은, 특정 역할을 하기 위해 작용하는 유사한 세포들의 무리입니다. 예를 들어 뇌 세포는 뇌 조직을 만듭니다.

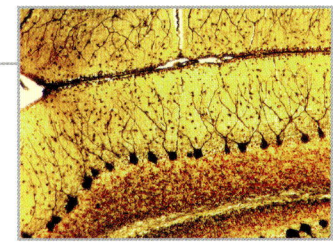

피부 바깥층을 '상피'라고 합니다. 상피는 질기고 튼튼합니다. 상피 아래 진피가 있습니다. 진피 층에는 촉감, 열, 통증 및 동작을 감지하는 세포들이 있습니다. 털은 피부 진피에 뿌리를 박고 자랍니다. 확대된 아래의 단면도가 이 부분들을 잘 보여 줍니다.

심장과 혈관과 피는 기체와 양분을 신체 전체로 운반하기 위해 함께 일합니다. 이들은 순환계를 구성합니다.

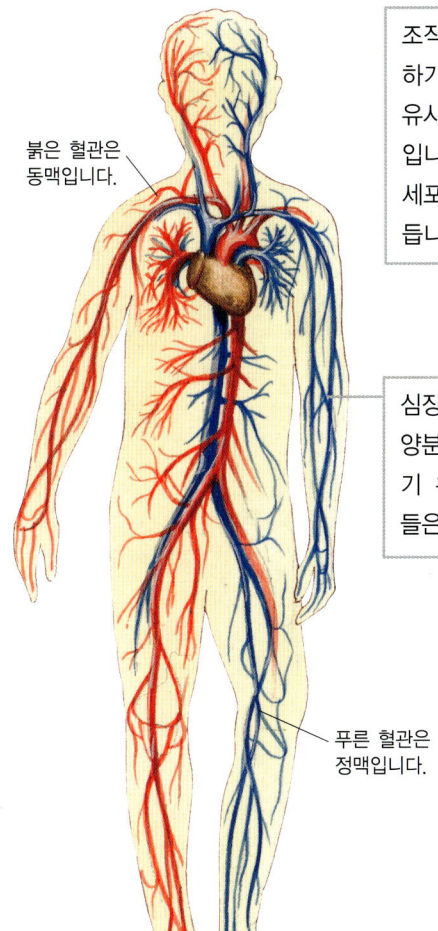

푸른 혈관은 정맥입니다.

털의 방수를 위해 피지를 만들어 내는 피지샘

케라틴 층

표피 층

새로운 세포가 자라는 표피의 바닥 층

털 세움근(입모근)

진피 층

털주머니와 털뿌리 (모낭과 모근)

땀샘

손톱은 피부 아래 뿌리가 있으며, 손톱 아래 피부인 손톱바탕(조상)을 따라 자랍니다. 창백한 초승달 같은 부위는 반월 혹은 반달이라고 합니다. 손톱은 1주일에 약 0.5mm 정도 자랍니다.

피부는 몸을 지키는 막입니다. 신체가 감염되지 않도록 막아 주며, 장기와 조직이 손상되지 않도록 지켜 줍니다. 또한 신체가 일정하고 안정된 체온을 유지하는 것을 돕습니다.

손톱과 털 둘 다 케라틴이라고는 단백질로 만들어집니다. 털은 살아 있고, 모낭에 싸여 있는 모근에서만 자랍니다. 피부에서 빠진 털은 죽은 털입니다. 털은 단단히 붙어 있는 납작한 세포들로 만들어져 있습니다. 사람 머리 피부의 털은 평균 10만 개에서 12만 개 사이입니다.

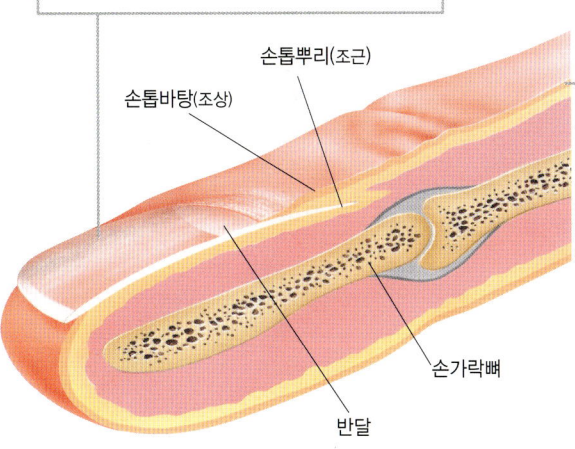

손톱뿌리(조근)
손톱바탕(조상)
손가락뼈
반달

인간은……

뼈 206개
어릴 때 뼈 300개
추골 33개
평균 맥박 수 1분에 70~80회
혀에 있는 미뢰 3,000개
관절 230개
평균 머리카락 수 10만 개
염색체 23쌍
경혈 365군데
다 자란 어른의 치아 32개 (뒤어금니 12개, 앞어금니 8개, 앞니 8개, 송곳니 4개)

뼈와 관절

뼈는 몸 전체를 지지해 주고 몸의 여러 부분을 지탱해 주는 튼튼한 틀입니다. 뼈를 전부 합쳐서 '골격'이라 일컫습니다. 뼈는 근육을 고정시켜 줄 뿐 아니라 뇌와 같은 기관을 보호하기도 합니다.

▷ 인간 골격을 이루는 206개의 뼈는 팔에 각각 32개, 다리에 각각 31개, 머리에 29개, 척추와 엉덩이에 26개, 가슴에 25개가 있습니다.

머리뼈

머리뼈는 '두개골'이라고도 하며 뇌를 보호하는 단단한 뼈입니다. 22개의 뼈가 '봉합선'이라는 단단한 연결부를 따라 함께 결합되어 있습니다.

▽ 뼈에는 콜라겐이라고 하는 질기면서 약간 구부러지는 물질로 된 가닥들이 포함되어 있으며, 칼슘과 인산염도 들어 있습니다. 콜라겐과 광물질은 함께 뼈를 튼튼하고 단단하게 해 주지만, 압력을 받으면 약간 굽을 수 있습니다. 뼈에는 양분을 전하기 위한 혈관과 압력과 통증을 느끼는 신경이 있습니다. 튼튼한 대부분의 뼈 속에는 골수라고 하는 부드럽고 젤리 같은 중심부가 있어서 붉은색이나 노란색을 띱니다.

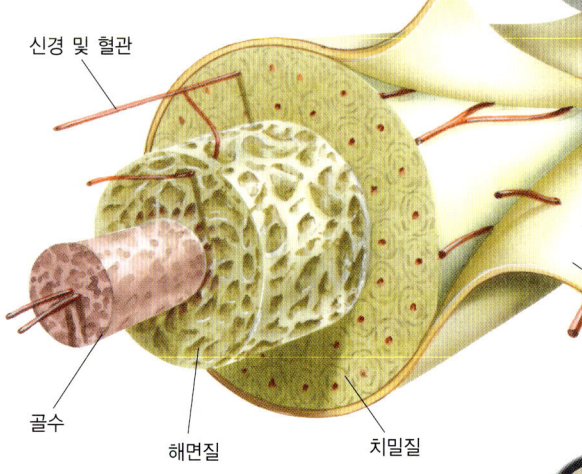

- 목뼈(경골)
- 가슴뼈
- 갈비뼈
- 엉덩뼈(골반)
- 뼈의 끝 부분 혹은 머리 부분
- 정강이뼈
- 신경 및 혈관
- 골수
- 해면질
- 치밀질
- 뼈막

깊이보기

'치아'에 대한 더 자세한 내용은 57쪽을 보세요.

성인의 골격에는 고무 같은 연골 조직으로 연결된 206개의 뼈가 있습니다. 아기의 골격에는 뼈가 300개 넘게 있는데 자라면서 이 중 몇몇이 붙습니다. 대개 여성이 남성보다 골격이 작고 가볍습니다. 여성의 골반, 엉덩뼈는 아기가 태어날 때 입구가 넓어야 하기 때문에 남성보다 큽니다.

뼈는 강철보다 5배 튼튼하지만 아주 가벼워서 체중의 14%밖에 차지하지 않습니다.

골수는 몇몇 뼈의 중심부에 있는 부드럽고 젤리 같은 조직입니다. 골수에는 혈액 세포를 만들어 내는 특별한 세포들이 있습니다.

신체의 관절은 뼈가 만나는 부위입니다. 관절은 뼈가 움직일 수 있게 해 줍니다. 관절 중에는 움직일 수 있게 해 주는 활액막 관절과 그렇지 못한 봉합 관절 등 몇 가지 종류가 있습니다.

활액막 관절은 어깨, 팔꿈치, 엉덩이, 무릎 등 신체 곳곳에서 찾아볼 수 있습니다. 활액막 관절의 모양새에 따라 다양한 움직임이 가능합니다. 팔꿈치와 무릎의 관절은 경첩 관절로 앞뒤로만 움직일 수 있습니다. 어깨와 엉덩이의 관절은 구상 관절로 비틀기 등 유연한 동작이 가능합니다.

관절에 있는 연골은 뼈로 가는 충격을 흡수해 주는 물질로, 튼튼하지만 유연합니다. 골격에 힘을 보태 주면서도 움직일 수 있게 해 줍니다. 태어나기 이전의 아기들 뼈는 주로 연골이지만, 점차 뼈로 굳어집니다.

척추는 머리뼈 기저에서부터 엉덩이까지 뻗어 있습니다. 단일한 뼈가 아니라, 드럼 모양의 등골뼈가 일렬로 이어져 있습니다.

엑스선

1895년 독일의 물리학자 빌헬름 뢴트겐은 엑스선 광선이 살은 지나가지만 뼈는 지나가지 못한다는 것을 알아냈습니다. 엑스선은 눈에 보이지 않는 에너지파 ('전자기 복사'라고도 함)입니다. 의사들은 수술하지 않고 뼈를 검사할 때 엑스선을 사용합니다.

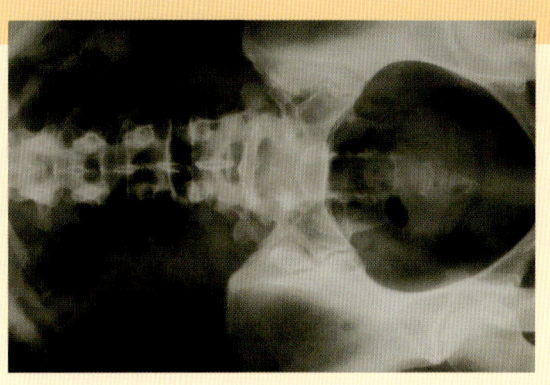

척추는 몸을 지지해 주고, 뇌와 몸의 여러 부위 간에 메시지를 전달하는 척수를 보호해 줍니다. 척수는 길이가 45cm로, 31쌍의 주 말초 신경이 여기서 뻗어 나갑니다.

힘줄은 근육을 뼈에 이어 주는 끈으로 주로 콜라겐으로 구성되어 있습니다. 인대는 질긴 콜라겐으로 된 튼튼한 끈이며, 늘어나는 탄력소로 관절을 강화시킵니다.

▶ 넓은 끈 모양의 인대는 뼈를 제자리에 유지해 주기 위해 무릎 관절의 외부를 십자형으로 감싸고 있습니다.

뼈의 이모저모

팔의 위쪽 뼈는 위팔뼈 혹은 상박골이라고 합니다.
가장 작은 뼈는 양쪽 귀에 3개씩 있는 청소골입니다.
가장 긴 뼈는 대퇴골로 넓적다리뼈이며, 전체 신장의 약 4분의 1을 차지합니다.
가장 넓은 뼈는 엉덩뼈 혹은 골반입니다.
갈비뼈는 대개 12쌍이 있지만, 약 500명 중 1명꼴로 13쌍이나 11쌍이 있습니다.

와우!

관절은 오랫동안 사용하면 파열되기도 합니다. 특히 비구관절이 그렇습니다. 요즘은 플라스틱과 금속으로 만들어진 인공 관절로 대체할 수 있습니다.

넓적다리뼈 / 무릎뼈 / 힘줄 / 연골 덮개 / 인대 / 정강이뼈

근육과 동작

신체의 근육은 동작 하나하나, 호흡 하나하나, 입에 음식 넣고 씹기 등 아주 많은 일을 해냅니다. 근육은 여러 개가 함께 움직여서 매일 수천 가지의 행위를 합니다.

근육은 신체의 여러 부위를 움직이기 위해 수축하고(줄어들고) 이완하는(늘어나는) 특별한 섬유입니다.
수의근은 팔을 움직이는 것과 같이 생각대로 조정할 수 있는 근육입니다. 불수의근은 장에서 음식을 통과시키는 것과 같이 자동으로 움직이는 근육입니다.
인체에는 약 640개의 수의근이 있어서 몸무게의 40% 이상을 차지합니다. 보통 남자가 여자보다 근육이 더 많습니다.

함께 움직이기

근육은 뇌가 통제합니다. 가는 줄 같은 신경을 통해 뇌가 근육에 메시지를 보냅니다. 근육이 오랫동안 수축해 있으면 근섬유들은 번갈아 수축을 맡습니다. 몇몇 근섬유들이 이완하고 있을 때 다른 근섬유들이 강하게 수축하고, 다시 이완했던 근섬유들이 짧아지면서 반복됩니다.

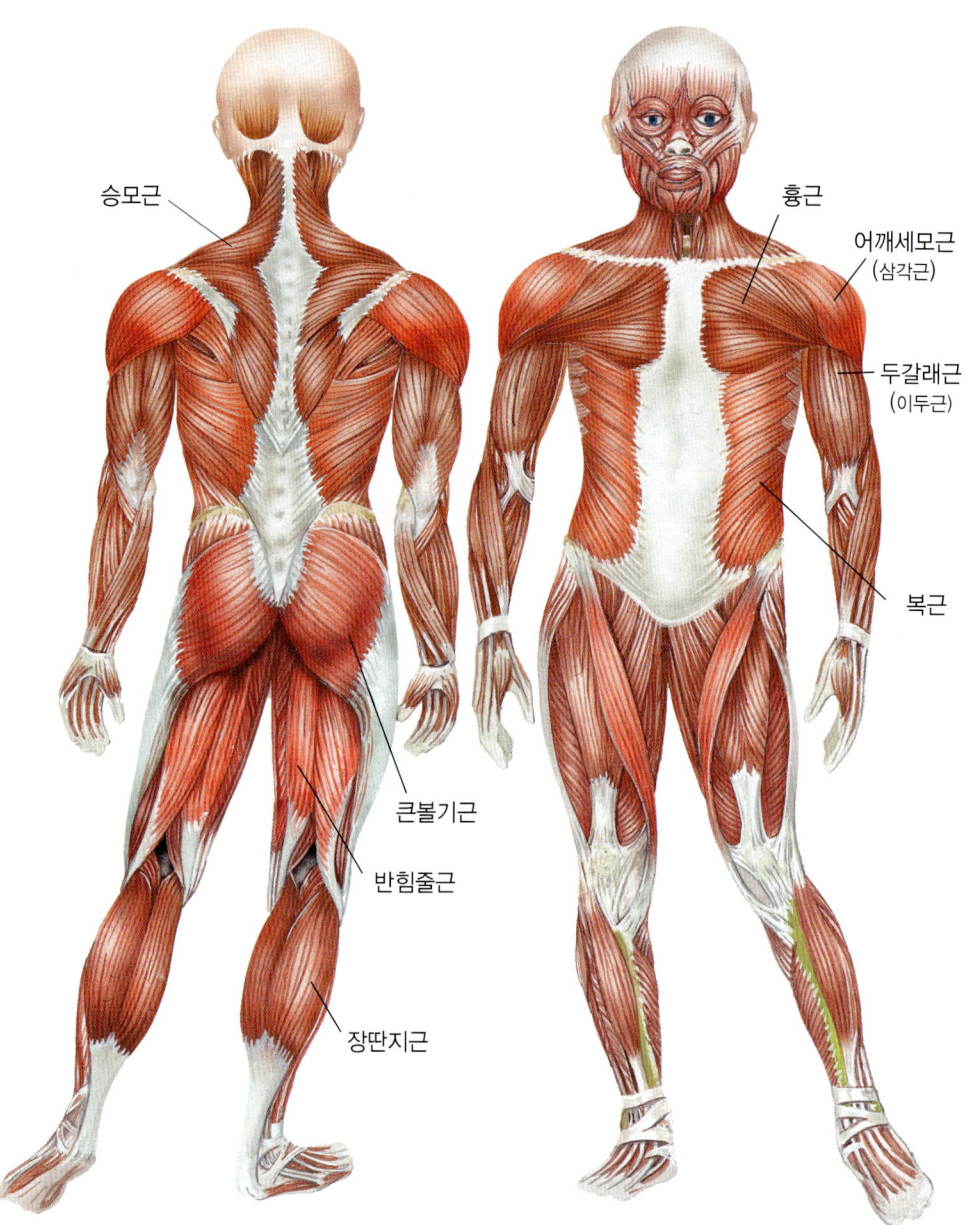

승모근, 흉근, 어깨세모근(삼각근), 두갈래근(이두근), 복근, 큰볼기근, 반힘줄근, 장딴지근

이 그림에 보이는 근육들은 피부 바로 아래에 있습니다. 그래서 '얕은 근육'이라고 합니다. 이 근육 아래에는 깊은 근육층이 또 한 층 있습니다. 어떤 부위에는 근육이 한 층 더 있는데 이를 '내측 근육'이라고 합니다.

대부분의 근육은 양 끝이 단단히 고정되어 있고 관절 한쪽에 직접, 혹은 힘줄이라는 튼튼한 섬유를 통해 뼈에 붙어 있습니다.

근육의 힘

코끼리 코에는 4만 개의 근육이 있는 것으로 추정됩니다.
혀는 신체에서 유일하게 양 끝이 고정되어 있지 않은 근육입니다.
미소짓는 데에는 17개의 근육이, 찡그리는 데에는 2,000개가 넘는 근육이 필요합니다.
애벌레 몸에는 2,000개 넘는 근육이 있습니다.
인체에서 가장 긴 근육은 봉공근으로, 넓적다리 안쪽에 있습니다.
인체에서 가장 강한 근육은 교근으로 턱 뒤에 있습니다.

지구의 생명

함께 힘을 합치면

인체의 모든 근육이 힘을 합칠 수 있다면 버스 1대를 들어 올릴 수도 있습니다.

근육은 대부분 쌍으로 존재합니다. 근육은 수축은 스스로 할 수 있지만 이완이 안 되기 때문입니다. 그래서 관절을 구부리는 굴근이 펴질 수 있도록 신근과 짝을 이루고 있습니다.

뇌는 신경을 통해 근육으로 언제 얼마큼 얼마 동안 수축할지 명령을 내리는 신경 신호를 보내서 근육을 통제합니다. 우리는 어릴 때 걷기를 비롯해 많은 동작을 배우는데, 이 동작들은 곧 자동으로 이루어집니다. 이는 생각을 하지 않고도 이런 동작들을 할 수 있다는 뜻입니다.

근육은 에너지를 많이 사용하며, 움직이기 위해 양분과 산소가 필요합니다. 혈액이 양분과 산소를 충분히 가져다주지 못하면 근육은 지칩니다. 운동하는 동안 더 많은 산소를 근육에 나르기 위해 호흡이 빨라지고 거칠어집니다.

신체에서 가장 작은 근육은 등골근으로 크기가 여기 쓴 문자 'I' 정도 됩니다. 이 근육은 귀 속의 소리를 듣게 해 주는 작은 뼈들에 붙어 있습니다.

신체는 새로운 근육을 만들어 낼 수는 없지만, 이미 있는 것을 키울 수는 있습니다. 운동을 하면 근육이 커지고 더 효율적이 됩니다.

▼ 대부분의 근육은 위팔의 이두근과 삼두근처럼 대립적 내지 길항적으로 쌍을 이룸으로써 뼈를 한 방향으로 당긴 뒤 다시 거꾸로 당길 수 있습니다.

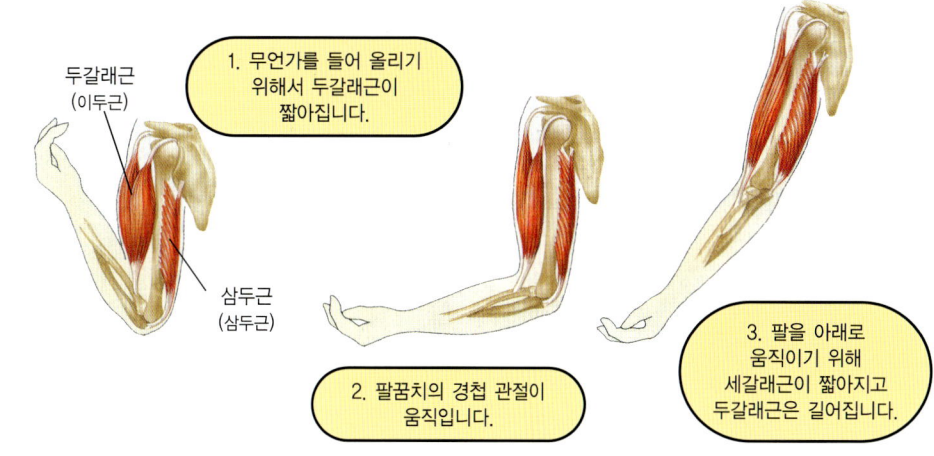

두갈래근 (이두근)

삼두근 (삼두근)

1. 무언가를 들어 올리기 위해서 두갈래근이 짧아집니다.

2. 팔꿈치의 경첩 관절이 움직입니다.

3. 팔을 아래로 움직이기 위해 세갈래근이 짧아지고 두갈래근은 길어집니다.

▼ 근육에는 근섬유가 있습니다. 각 섬유는 머리카락 두께입니다. 근섬유는 더 가는 근원섬유로 구성되어 있고, 근원섬유에는 액틴과 미오신으로 이루어진 수많은 가닥이 포함되어 있습니다. 액틴과 미오신 가닥들은 근육이 수축하도록 만듭니다.

심장 근육은 골격근과 민무늬근이 독특하게 결합한 것입니다. 심장은 1분에 70회라는 정해진 수축 리듬이 있으며, 심장 전체로 퍼져 나가는 근육 수축 파동을 일으키도록 신호를 전달해 주는 신경 세포 역할을 하는 특별한 근육 세포가 있습니다.

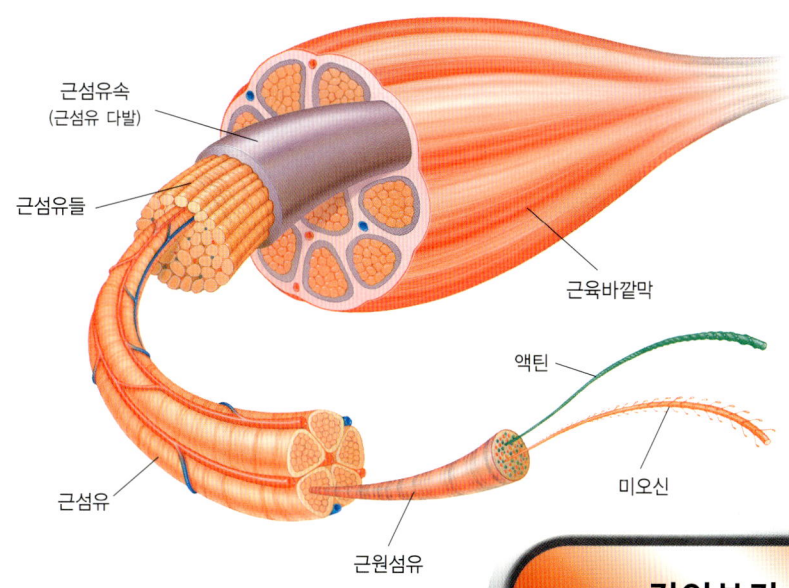

근섬유속 (근섬유 다발)

근섬유들

근육바깥막

액틴

미오신

근섬유

근원섬유

깊이보기

'호흡용 근육'에 대한 더 자세한 내용은 54쪽을 보세요.

와우!

신체에서 가장 큰 근육은 이 책을 읽느라 깔고 앉아 있는 엉덩이에 있습니다. 큰볼기근이라고 합니다.

53

허파와 호흡

인체는 끊임없이, 심지어 쉬는 것처럼 보일 때에도 활동을 합니다. 밤이건 낮이건 결코 멈추지 않는 과정이 호흡입니다. 호흡은 우리 몸을 들락거리는 산소와 이산화탄소, 두 가지 기체와 관련이 있습니다.

호흡용 근육

숨을 쉴 때마다 0.5L의 공기가 허파를 들락거립니다. 호흡에는 가슴 아래 부분의 종이 같은 가로막과 갈비뼈 사이의 끈 모양의 늑간근이 사용됩니다. 숨을 들이마시려면 이 두 근육이 수축해야 합니다. 가로막은 허파 아래 부분을 끌어내리면서 돔 모양이었던 게 납작하게 변합니다. 늑간근은 갈비뼈를 위로 밖으로 끌어당깁니다. 이 두 움직임이 해면 같은 허파를 늘려서 공기를 빨아들이도록 합니다. 숨을 내쉴 때는 두 근육이 이완합니다. 늘어났던 허파는 공기를 내보내면서 원래의 작은 크기로 돌아갑니다.

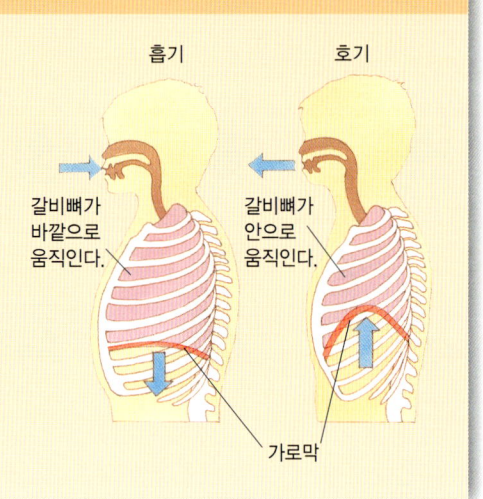

흡기 / 호기 / 갈비뼈가 바깥으로 움직인다. / 갈비뼈가 안으로 움직인다. / 가로막

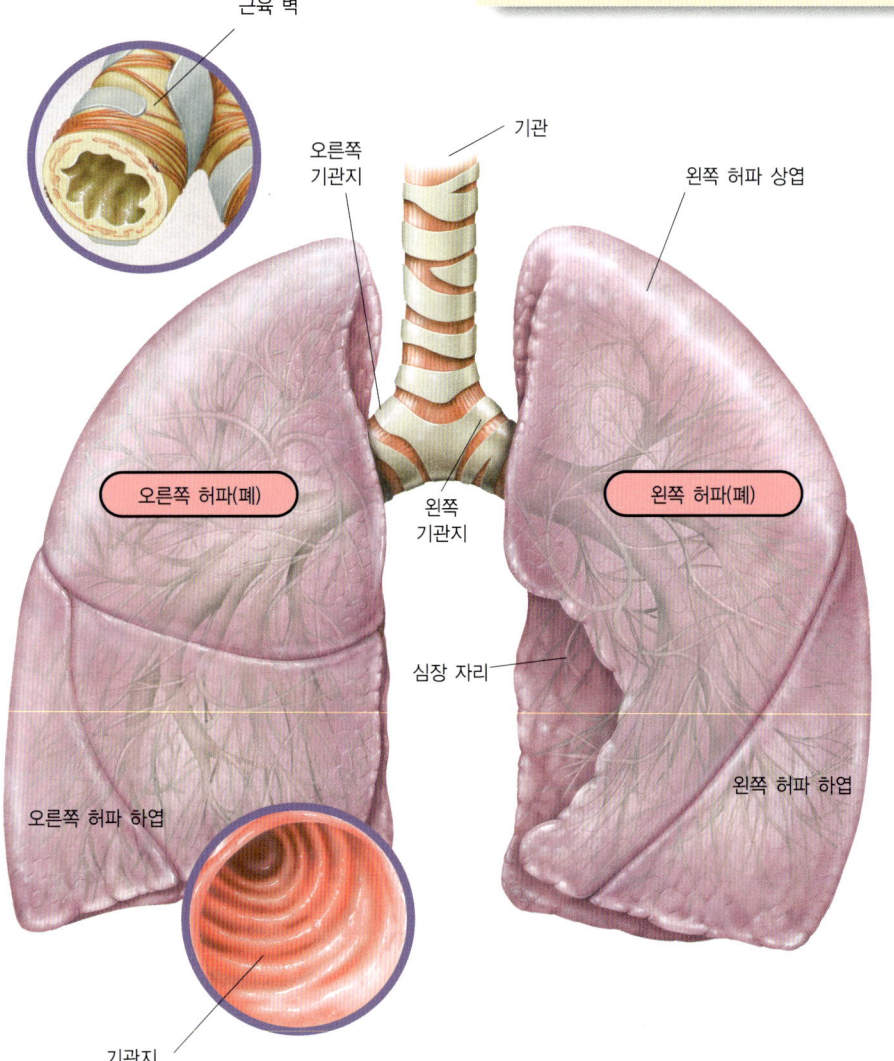

근육 벽 / 기관 / 오른쪽 기관지 / 왼쪽 허파 상엽 / 오른쪽 허파(폐) / 왼쪽 기관지 / 왼쪽 허파(폐) / 심장 자리 / 오른쪽 허파 하엽 / 왼쪽 허파 하엽 / 기관지 내부 모습

▶ 공기는 기관을 따라 허파에 드나듭니다. 기관은 아랫부분에서 두 기관지로 갈라져 허파에 각각 하나씩 연결됩니다. 두 허파 사이의 푹 파인 공간은 심장 자리입니다. 숨을 들이마시는 것을 흡기라고 하고, 숨을 내쉬는 것을 호기라고 합니다. 숨을 얼마를 내쉬든지 허파에는 항상 0.5L 정도의 공기가 남아 있습니다.

호흡을 하는 것은, 몸의 모든 세포에 포도당을 연소시킬 산소가 계속 필요하기 때문입니다. 음식을 소화해 생긴 포도당이라는 고에너지 물질을 세포에 전달해 주는 것은 피입니다. 세포가 포도당을 연소할 때 불필요한 기체인 이산화탄소가 발생합니다.

▶ 거품처럼 생긴 허파 꽈리는 가장 좁은 공기 통로 끝에 다발로 모여 있습니다. 허파 꽈리는 허파 부피의 약 3분의 1을 차지합니다.

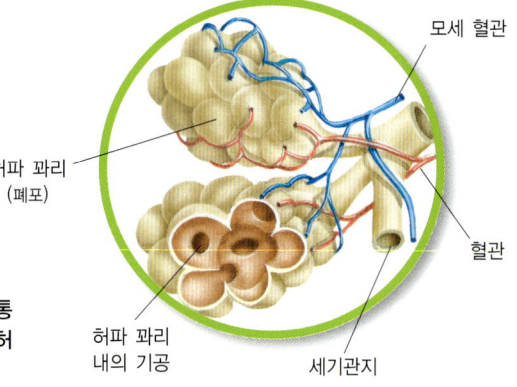

모세 혈관 / 허파 꽈리 (폐포) / 허파 꽈리 내의 기공 / 세기관지 / 혈관

지구의 생명

들숨과 날숨

80세까지 살면 600만 번 넘게 호흡합니다.

과학자들은 들숨과 날숨을 반복하는 것을 '호흡'이라고 합니다. 세포 호흡은 세포가 포도당을 연소하기 위해 산소를 이용합니다.

숨을 들이쉬면 공기는 코나 입으로 몰려 들어와 기관을 타고 내려가 허파 속 수백만 개로 갈라지는 작은 세기관지로 들어갑니다.

허파에서 가장 큰 2개의 기도를 기관지라고 하며, 이 기관지들은 더 작은 세기관지로 나누어집니다. 각 세기관지 끝에는 허파 꽈리라는 아주 작은 공기 주머니가 몰려 있습니다.

엄청난 양의 산소가 허파 꽈리의 세포벽에서 걸러져 혈액 속으로 들어갑니다. 이산화탄소는 혈액에서 허파 꽈리로 옮겨진 다음 호흡을 통해 몸 밖으로 나옵니다.

기도 표면은 미끈거리는 점액질이 보호합니다. 감기에 걸리면 허파를 보호하기 위해 이 점액이 짙어집니다.

호흡할 때마다 0.5L의 공기가 허파에 드나듭니다. 숨을 깊게 쉬면 이 양이 6배까지 늘어날 수 있습니다.

하품은 신체가 휴식을 취하면서 숨을 얕게 쉴 때 일어납니다. 하품은 보다 많은 산소를 들이마시는 매우 깊은 호흡입니다. 하품은 지루하다는 걸 나타내 준다기보다는, 몸이 움직이도록 준비시키는 것입니다.

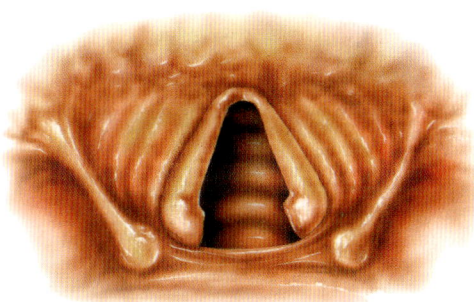

목의 발음 기관에는 성대가 2개 있습니다. 성대는 유연한 막으로 양옆에서 뻗어 나와 있습니다. 성대 사이에는 틈이 있어서, 일반적인 호흡을 할 때에는 삼각형 모양(위)이 되고, 말을 할 때에는 둘이 거의 함께 움직입니다.

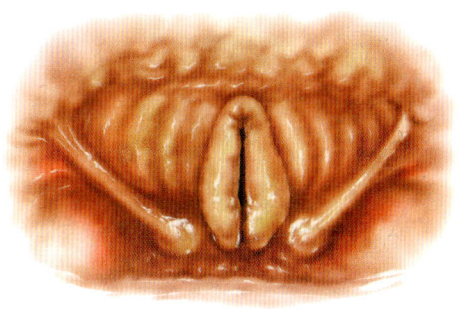

와우!

하품하느라 입을 너무 크게 벌리면 턱이 빠져서 입을 다물 수 없게 될 수도 있습니다. 하품을 하는 이유는 정확히 밝혀지지 않았지만 뇌에 산소가 부족할 때 한꺼번에 산소를 들여마시기 위한 것이라고 합니다.

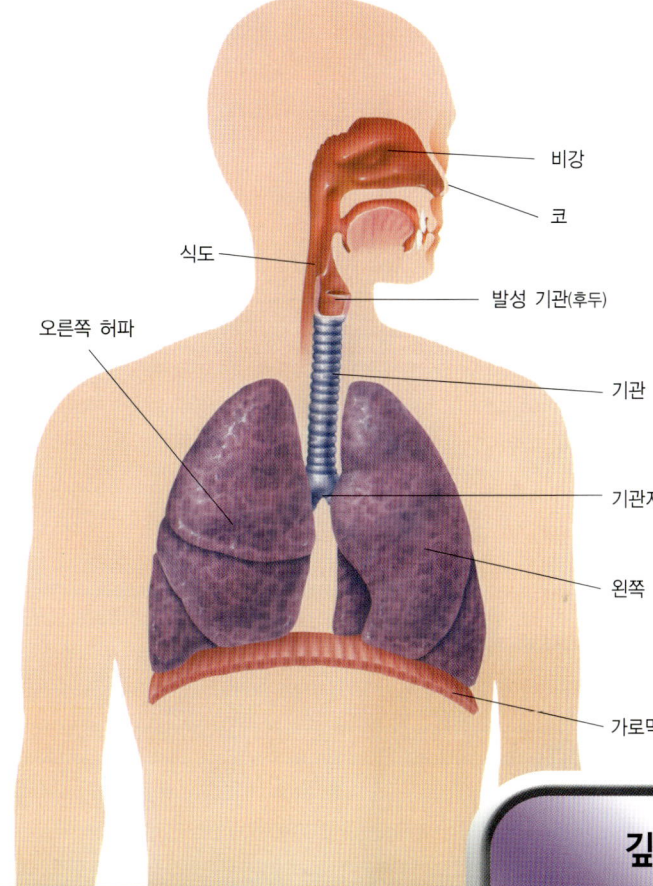

호흡계에는 공기 중에서 산소를 들이마시는 일을 전문으로 하는 신체 부위가 있습니다. 이 중 몇몇에는 코로 냄새 맡기와 후두의 목소리 내기와 같이 다른 용도도 있습니다.

깊이보기

'심장과 혈액'에 대한 더 자세한 내용은 58~59쪽을 보세요.

식사와 소화

인체에는 음식과 물이 필요합니다. 음식은 몸이 자라고 회복하는 데 꼭 필요한 물질을 제공하며, 생명 유지를 위한 에너지도 공급합니다. 물은 몸에서 일어나는 모든 과정에 필요하며 계속 대체되어야 합니다.

생명 유지에 필수인 물

신체는 주로 물로 구성되어 있습니다. 60% 이상이 물입니다. 음식이 없어도 여러 주를 견딜 수 있지만, 물 없이는 며칠 못 버팁니다.

소화계에는 입, 이, 혀, 목구멍, 식도, 위, 기다란 관 모양의 작은창자와 큰창자, 간, 췌장이 있습니다.

와우!

위가 비어 있을 때는 부피가 0.5L밖에 되지 않지만, 많이 먹고 난 뒤에는 4L도 넘게 늘어날 수 있습니다.

반쯤 소화된 음식은 위에서 작은창자로 옮겨 갑니다. 작은창자는 길이가 6m이지만 꼬불꼬불 말려 있습니다. 작은창자에서는 음식에 효소가 더해지며, 음식이 흡수될 수 있도록 분해합니다. 창자 벽은 융모라고 하는 돌기로 덮여 있어서, 표면을 넓히는 역할을 합니다.

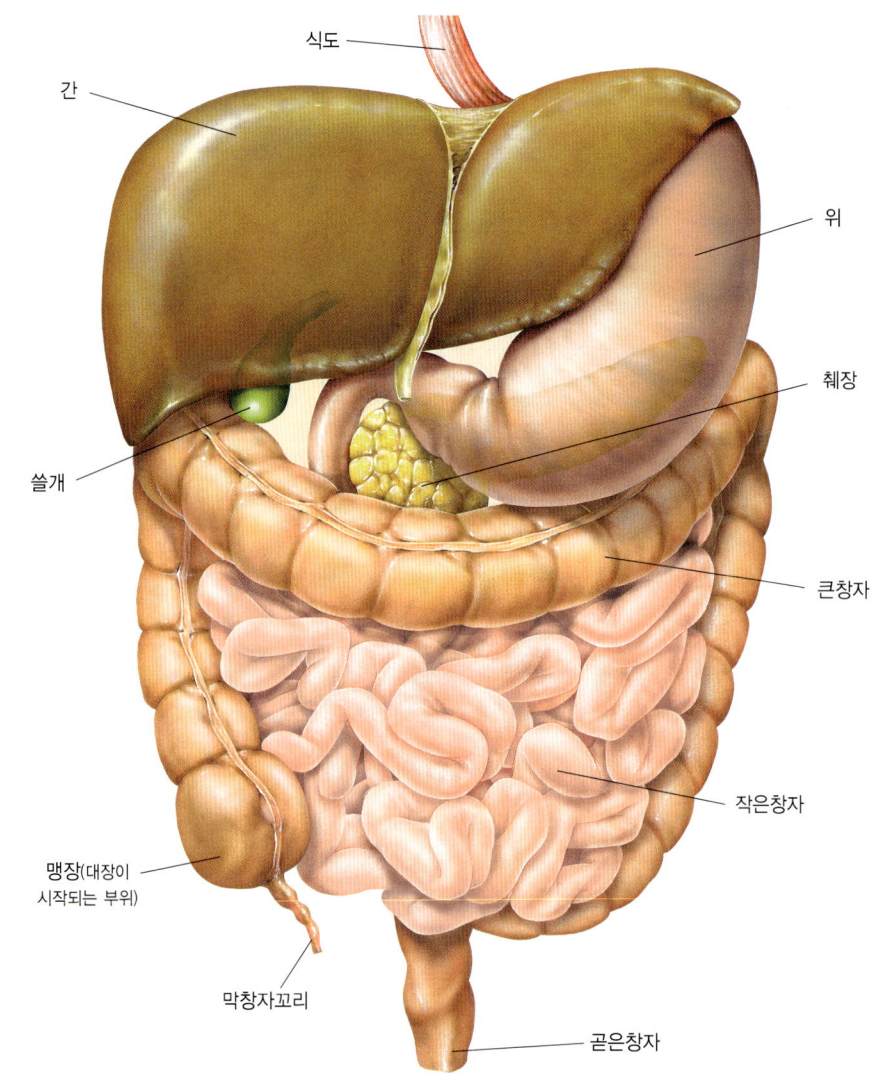

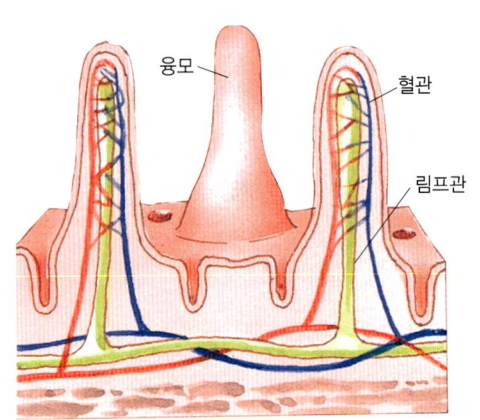

소화 시간표

0시간	음식을 씹어 삼킵니다.
1시간	음식이 위에서 산과 액과 섞입니다.
2시간	일부 소화된 음식이 남은 소화와 흡수를 위해 작은창자로 흘러가기 시작합니다.
4시간	음식 대부분이 위를 떠나 작은창자로 갑니다.
6시간	찌꺼기와 소화가 안 된 음식이 큰창자로 들어가면, 큰창자에서는 물을 빨아들이고 나머지는 몸에 되돌려 줍니다.
10시간	찌꺼기가 소화계의 마지막 부분인 곧은창자에 대변으로 쌓입니다.
16~24시간	대변이 마지막으로 항문을 통과해 몸 밖으로 나갑니다.

깊이보기

'간'에 대한 더 자세한 내용은 48쪽을 보세요.

지구의 생명

소화는 먹은 음식을 분해하여 몸이 흡수해서 이용할 수 있는 물질로 바꾸는 과정입니다.

소화관은 기본적으로 소화 기관 또는 장이라고 하는 긴 나선 모양의 튜브입니다. 입에서 시작해서 항문에서 끝납니다. 장을 길게 펴 놓는다면 사람 키의 6배 정도 길이가 될 것입니다.

음식을 먹을 때에는 씹어서 작은 덩어리로 부숩니다. 부서진 음식은 침과 섞이는데, 침은 효소라는 특별한 화학 물질로 음식을 부드럽게 만듭니다.

음식을 삼키면 식도를 따라 내려가 위로 갑니다. 위에서는 더 많은 효소가 작용해서 음식은 부서져 유미죽이 됩니다. 이제 유미죽은 작은창자로 이동합니다.

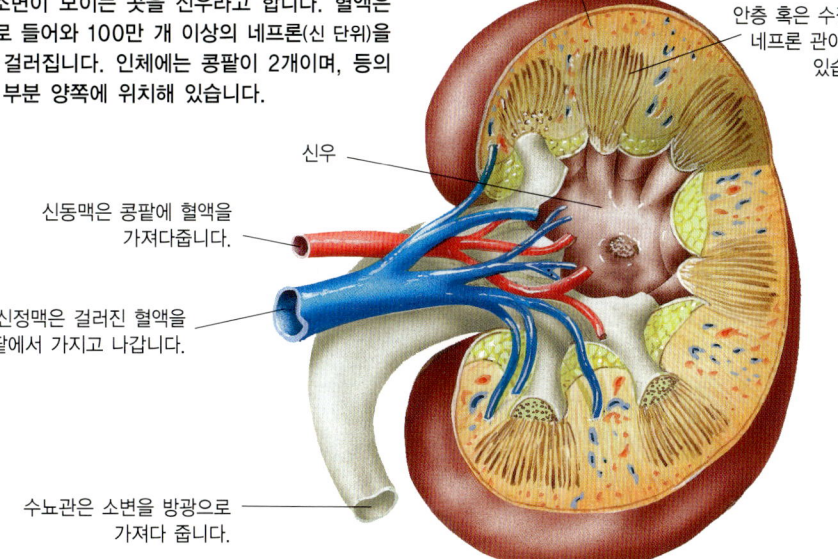

콩팥, 수뇨관, 방광 및 요도는 비뇨기계를 구성합니다. 신장에는 피질과 수질등 2개 층이 있습니다. 소변이 모이는 곳을 신우라고 합니다. 혈액은 콩팥으로 들어와 100만 개 이상의 네프론(신 단위)을 거치며 걸러집니다. 인체에는 콩팥이 2개이며, 등의 잘록한 부분 양쪽에 위치해 있습니다.

- 바깥층 혹은 피질에는 네프론의 주머니가 들어 있습니다.
- 안층 혹은 수질에는 네프론 관이 들어 있습니다.
- 신우
- 신동맥은 콩팥에 혈액을 가져다줍니다.
- 신정맥은 걸러진 혈액을 콩팥에서 가지고 나갑니다.
- 수뇨관은 소변을 방광으로 가져다 줍니다.

유미죽은 작은창자에 있는 효소에 의해 더 분해되고, 양분은 작은창자 벽을 통해 혈관 속으로 흡수됩니다. 혈관은 양분을 몸 전체로 전달해 줍니다. 찌꺼기는 큰창자로 이동합니다.

찌꺼기와 소화시킬 수 없는 음식은 화장실에 갔을 때 항문을 통해 큰창자 밖으로 밀려 나옵니다. 이를 배설물이라고 합니다.

음식에서 얻은 양분은 간으로 옮겨져 체세포에 주로 에너지를 공급하는 화학 물질인 포도당으로 바뀝니다. 간은 혈류 속의 포도당 양을 일정하게 유지하는 것을 돕습니다.

신체가 제대로 활동하려면 다양한 음식의 균형이 필요합니다. 탄수화물, 단백질, 지방, 섬유질, 비타민 및 광물질은 모두 건강한 신체에 꼭 필요합니다.

콩팥은 신체의 여과기입니다. 콩팥은 혈액에서 양분과 물을 취해서 신체로 돌려보내 줍니다. 동시에 과도한 물과 찌꺼기는 제거해 줍니다. 과도한 물과 찌꺼기는 방광으로 보내져서 오줌으로 저장됩니다.

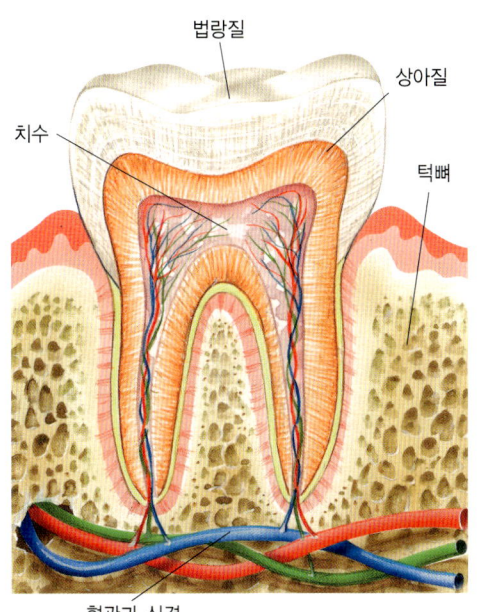

- 법랑질
- 상아질
- 치수
- 턱뼈
- 혈관과 신경

성인의 치아는 양쪽 턱에서 각각 앞니 2개는 무는 데 사용하고, 그 옆의 좀 긴 송곳니는 찢는 데 쓰며, 넓은 앞어금니 2개와 뒤어금니 3개는 으깨고 씹는 데 사용합니다. 치아 중심부에는 신경과 혈관이 있는 부드러운 치수가 있고, 그 주변에는 질긴 상아질이 있습니다. 치아 외부 맨 위의 치관은 훨씬 더 딱딱한 법랑질입니다. 뿌리는 치아를 턱뼈(악골)에 고정해 줍니다.

호르몬

다른 신체 과정과 마찬가지로 소화 과정은 호르몬이 통제합니다. 호르몬은 신체가 조화롭게 움직이도록 유지해 주는 역할을 하는 천연 화학 물질입니다. 호르몬은 내분비샘이라고 하는 특별 장소에서 만들어져서 혈액을 타고 온몸을 돕습니다. 남성과 여성은 호르몬을 만들어 내는 내분비샘이 생식 기관-암컷의 난소와 수컷의 고환-만 제외하고 동일합니다.

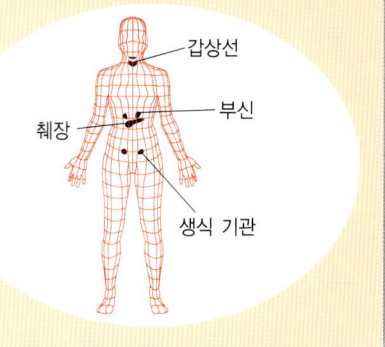

- 갑상선
- 췌장
- 부신
- 생식 기관

심장과 혈액

순환계는 동맥, 정맥, 모세혈관과 같은 혈관들과 심장의 복잡한 네트워크입니다. 이것들은 몸에 있는 모든 세포에 혈액을 전달하기 위해 함께 작용해서, 산소와 양분을 가져다 주고 노폐물을 제거합니다.

혈액은 몸을 순환하는 붉은 액체입니다. 양분과 산소를 체세포로 전달하고 노폐물을 제거해 줍니다. 또한 호르몬 및 감염에 대항해 싸우는 특별한 세포를 전달해 줍니다.

심장은 멈추지 않고 온몸으로 혈액을 펌프질하는 근육 주머니입니다. 심장에는 2개의 펌프가 있습니다. 하나는 산소를 받아 오기 위해 허파에 혈액을 보냅니다. 혈액이 심장으로 돌아오면, 다른 펌프가 혈액을 몸의 나머지 부분으로 보내 줍니다.

맥박 재기

맥박은 심장이 혈액을 펌프질해서 내보낼 때마다 몸과 혈관을 통해 전달되는 고압력의 강력한 고동 혹은 파장입니다. 검지와 장지의 손가락 끝을 손목 안쪽에 대고 누르면 맥박을 느낄 수 있습니다.

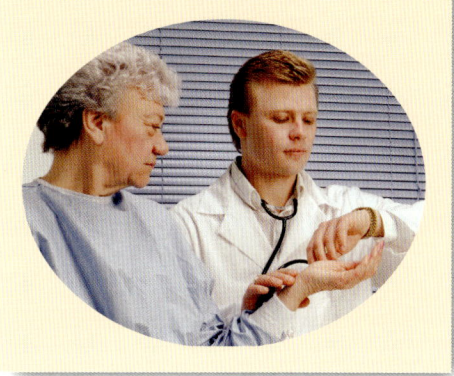

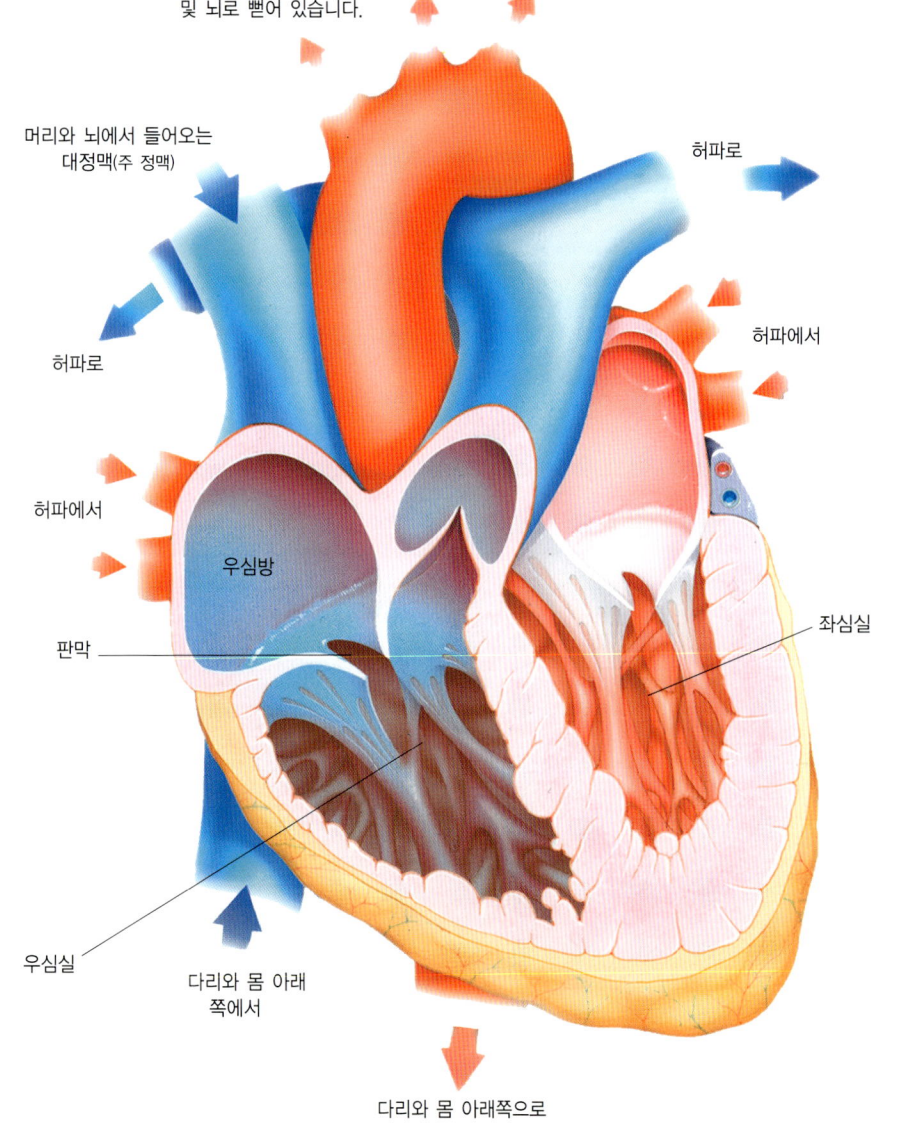

◀ 심장 내부는 4군데로 나뉘어져 있습니다. 위 양쪽에 심방이 있어서 정맥에서 피를 받아들이고, 아래쪽에는 벽이 두꺼운 심실이 있어서 혈액을 펌프질해서 동맥으로 내보냅니다. 일방 이동 판막이 있어서 혈액이 한 방향으로 흐르도록 해 줍니다.

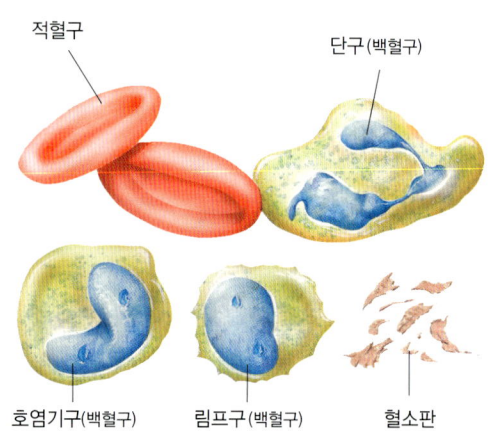

▲ 피는 적혈구, 백혈구와 혈소판으로 구성되는데, 모두 '혈장'이라는 액체를 타고 전해집니다. 적혈구는 모습을 바꿀 수 없지만, 여러 가지 백혈구는 신체에 침입한 세균을 공격하기 위해 모습을 바꿀 수 있습니다.

지구의 생명

와우!
어느 순간이든지 신체 내 혈액의 약 66%는 정맥에 있으며, 29%는 동맥에, 5%는 모세 혈관에 있습니다.

혈관 벽에는 여러 겹의 층이 있으며, 혈액에는 여러 종류의 세포가 있습니다. 적혈구는 가장 수가 많으며 둥근 접시 모양입니다. 백혈구는 병균을 둘러싸고 공격할 때 모습을 바꿀 수가 있습니다. 혈소판은 훨씬 작으며 세포 조각처럼 생겼습니다.

스나 세균 같은 유기체가 침입하면 함께 죽입니다.

동맥은 관 모양의 혈관으로 혈액을 심장 밖으로 운반해 줍니다. 대부분의 동맥에는 산소를 신체 각 부위로 운반해 주는 혈액이 흐릅니다.

정맥은 혈액을 다시 심장으로 운반해주는 혈관입니다. 대부분의 정맥은 산소와 양분이 없어진 혈액을 운반합니다. 그리고 이산화탄소를 허파로 가져다줍니다.

모세 혈관은 혈관들 중 가장 작습니다. 두께가 세포 하나 정도밖에 안 돼서 화학 물질이 쉽게 모세 혈관을 통과해 세포 속으로 들어갈 수 있습니다. 가장 큰 모세 혈관이라고 해도 머리카락 한 올보다도 가늡니다.

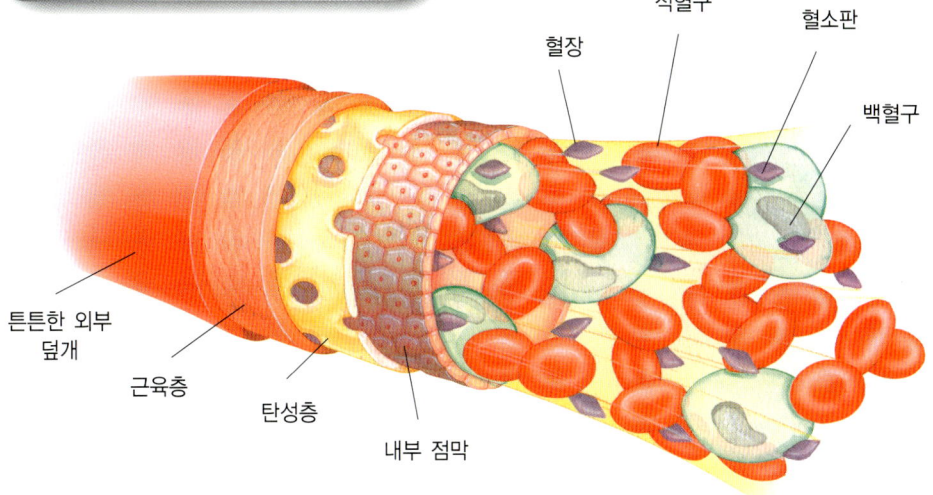

혈액 세포 중에는 적혈구와 백혈구가 있습니다. 혈소판도 있어서 핏덩어리를 만들어 출혈을 막는 데 도움을 줍니다. 혈액은 또한 감염에 대항해 싸우는 물질과 호르몬도 운반합니다.

적혈구는 단추 모양이며, 헤모글로빈이라고 하는 붉은 단백질이 들어 있습니다. 이 단백질은 산소와 결합해서 몸 전체로 산소를 운반해 줍니다. 적혈구 하나하나에는 약 2억 5000만 개의 헤모글로빈 분자가 들어 있습니다.

백혈구는 감염에 대항해 싸울 때 중요합니다. 종류가 여러 가지여서, 바이러

혈액으로 가득 찬 몸
몸속의 혈액의 양은 신체 크기에 따라 다릅니다. 몸무게가 80kg인 성인은 혈액이 약 5L이고, 몸무게가 40kg인 어린이는 혈액의 양이 그 절반입니다.

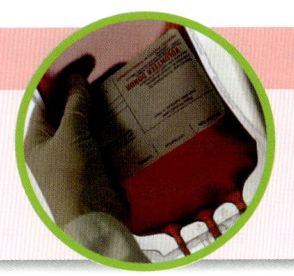

동맥은 심장에서 밖으로 혈액을 운반해 줍니다. 동맥 벽은 두꺼워서 맥박 칠 때마다 높은 압력으로 혈액이 밀려오는 것을 견딜 수 있습니다. 모세 혈관은 가장 작은 혈관으로 길이가 1mm 이하이고 너무 가늘어서 보이지 않습니다. 산소와 양분은 혈액 속에 있다가 모세 혈관 벽을 통과해서 주변의 조직 속으로 들어갑니다. 정맥은 넓고 벽은 얇고 느슨하며, 혈액을 다시 심장으로 운반해 줍니다.

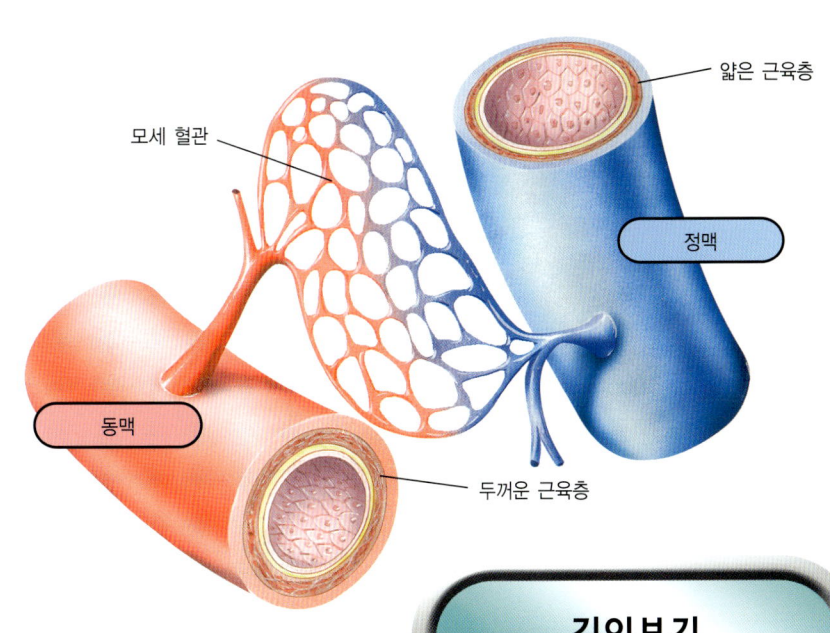

깊이보기
'순환계'에 대한 더 자세한 내용은 49쪽을 보세요.

신경계

신경계는 신체의 통제 및 커뮤니케이션 체계이며, 신경과 뇌로 구성되어 있습니다. 행동, 보는 것, 느끼는 것 전부를 통제하는 신체의 중앙 '컴퓨터' 입니다.

신경은 뇌에서 받은 메시지를 즉시 모든 기관과 근육에 전해 주고, 신체 안팎에서 무슨 일이 벌어지는지에 대한 끝없는 데이터의 흐름을 뇌에 다시 전해 주는 신체의 핫라인입니다.

신경은 '뉴런'이라고 하는 상당히 분화된 세포로 구성되어 있습니다. 뉴런은 '수상 돌기'라고 하는 뻗어 나가는 많은 실과 '축색 돌기'라고 하는 나선형 꼬리로 거미 모양을 하고 있습니다. 축색 돌기는 길이가 1m에 이르기도 합니다.

뉴런은 실에 꿰인 염주 알처럼 모두 이어져서 신경계를 구성합니다. 신경 신호는 전파로서 초당 1~2m의 대단한 속도로 뉴런을 따라 이동합니다.

감각 신경은 신체가 세상에서 경험하는 것에 대해 뇌에 정보를 전해 줍니다. 눈, 귀, 혀, 코에는 모두 감각 신경이 있으며, 피부는 수용체라고 하는 감각 신경의 끝 부분으로 덮여 있습니다.

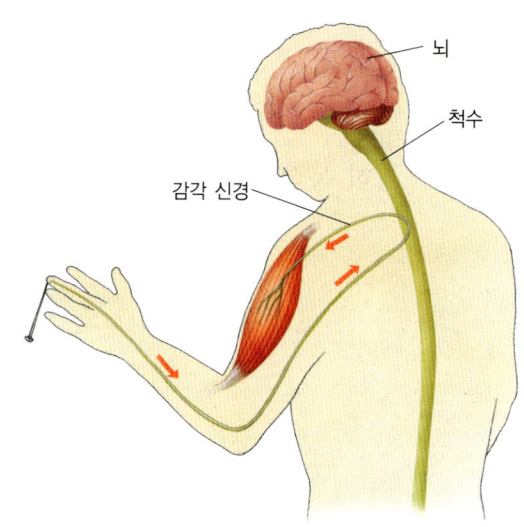

날카로운 핀을 만지면 메시지가 감각 신경을 따라 척수로 전해집니다. 운동 신경이 즉시 손을 치웁니다. 이 즉각적인 반응을 '반사 작용'이라고 합니다. 메시지가 뇌로 전해지면, 뇌는 손이 치워진 후 통증에 대해 알게 되고 통증을 느낍니다.

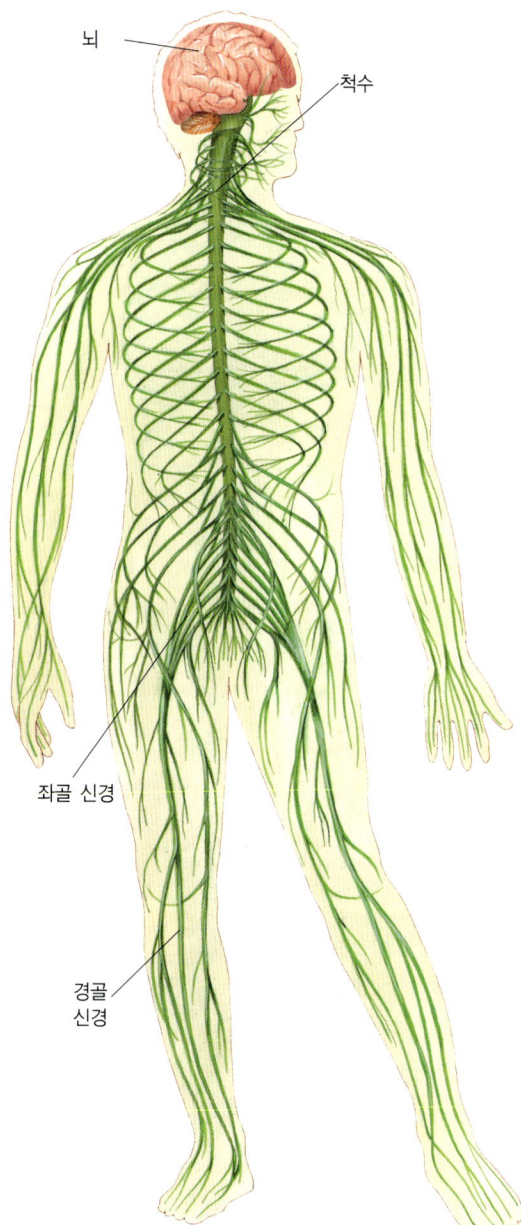

와우!

뇌의 왼쪽 절반은 몸의 오른쪽 절반을 통제하며, 뇌의 오른쪽 절반은 몸의 왼쪽 절반을 통제합니다.

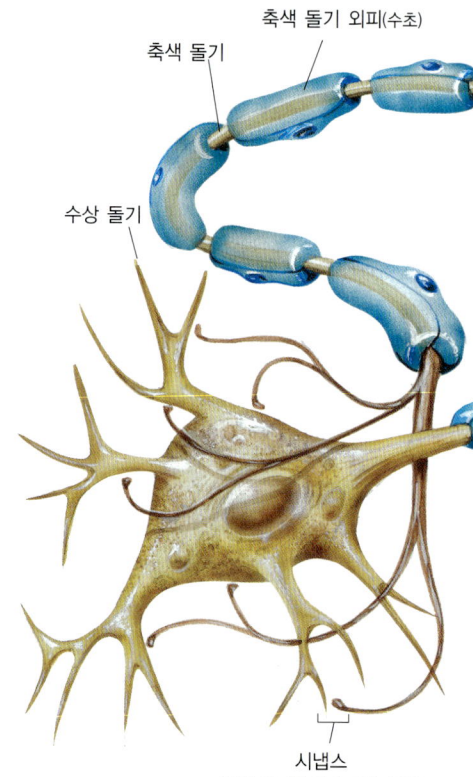

신경은 뇌와 척수에서부터 신체의 모든 부위로 뻗어 있습니다. 신경 신호는 모두 유사하지만, 어디로 가느냐에 따라 2가지 중요한 종류가 있습니다. 감각 신경 신호는 감각 부위(눈, 귀, 코, 혀, 피부)에서 뇌로 이동하고, 운동 신경 신호는 몸을 이리저리 움직이기 위해서 뇌에서 근육으로 나갑니다.

깊이보기

'세포'에 대한 더 자세한 내용은 49쪽을 보세요.

빛, 맛, 촉각, 열, 냄새, 소리에 관한 정보는 모두 뇌로 보내져서 거기서 처리됩니다.

뇌는 굉장히 복잡한 기관으로, 어떻게 움직이는지에 대해서는 알려진 바가 아주 적습니다. 몸 전체를 도는 신경이 뇌에 정보를 가지고 오면, 뇌에 정보가 (기억으로) 저장되거나 그 정보에 입각해 행위가 이루어집니다.

MRI 스캐너

뇌와 신경 조직은 엑스선 검사로는 잘 보이지 않습니다. 그래서 의사들은 이 부위를 검사하는 특별한 검사 장치들을 사용합니다. MRI(자기 공명 영상) 스캔은 뇌에 부상 및 손상 가능성이 있는지 검사할 때 병원에서 사용합니다.

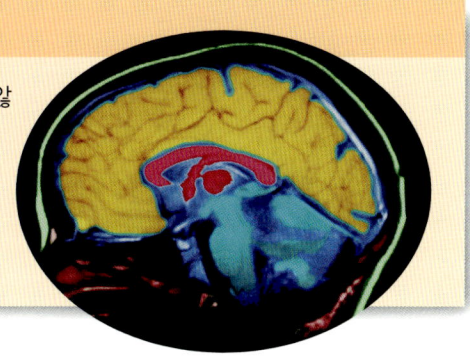

신경 세포

몸에는 수천억 개의 신경 세포가 있습니다. 뇌 한 곳에만 1000억 개의 신경 세포가 있습니다.

▼ 뇌의 10분의 9는 돔 모양의 2개의 대뇌 반구입니다. 바깥쪽의 대뇌 피질은 의식적인 사고가 일어나는 곳입니다.

▼ 뇌와 신경은 수십억 개의 분화된 세포, 신경 세포 또는 뉴런으로 이루어져 있습니다. 뉴런 하나하나에는 수상 돌기라고 하는 작은 가지들이 많아서 신경 메시지를 모으고, 축색 돌기 혹은 섬유는 더 길고 두꺼운 가지로 이러한 메시지들을 전달해 줍니다.

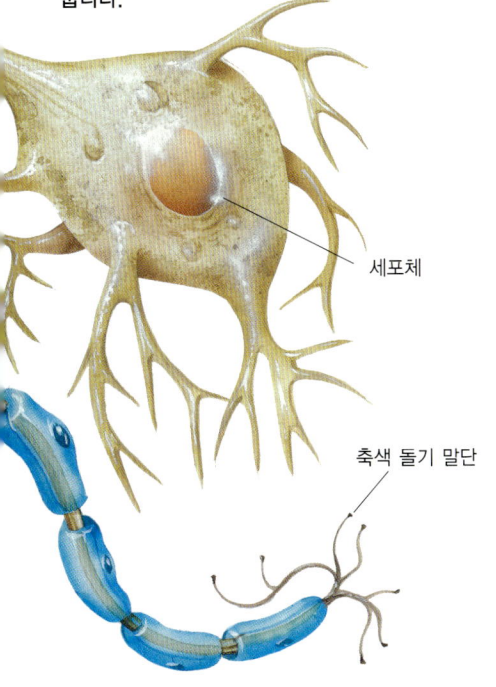

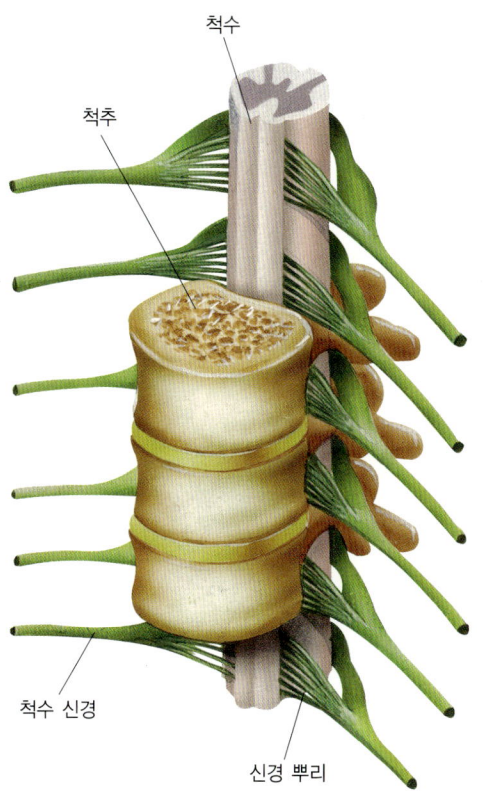

▲ 뇌는 척수로 몸과 연결되어 있습니다. 척수는 뇌의 기저에서 뻗어 나와 척추 안으로 내려옵니다. 여기서 31쌍의 신경이 뻗어 나와 몸으로 퍼져 있습니다. 척수는 척추를 관통하며 이어진 구멍들이 만든 관 속에서 보호됩니다.

뇌는 여러 부분으로 나누어져 서로 다른 업무를 수행합니다. 이 부분들은 모두 이어져 있어서 함께 일을 합니다. 시상 하부와 뇌간은 호흡이나 소화와 같은 자동적인 과정과 관련이 있습니다. 대뇌 피질은 사고, 의사 결정 및 학습과 관련이 있습니다.

뇌가 메시지를 운동 신경을 통해 근육으로 내보내면, 신경은 근육에 수축하거나 이완하라고 지시를 합니다. 뇌는 모든 근육을 조정해서 근육이 원활하게 이어지는 동작을 하도록 합니다.

생식

인간의 몸은 초기에 하나의 세포, 즉 수정란으로 시작됩니다. 이 수정란이 9개월에 걸쳐 자라서 아기로 태어납니다. 신생아가 살기 위해서는 끊임없는 보살핌이 필요합니다.

새로운 개체를 만들어 내는 과정을 생식이라고 합니다. 포유류인 인간은 다른 포유류들과 아주 유사한 방식으로 생식을 합니다. 즉, 살아 있는 새끼를 낳아서 엄마 몸의 젖샘에서 분비되는 젖을 먹입니다.

아기는 정세포에 의해 수정된 난세포에서 자라납니다. 난세포는 여자 몸속의 난자를 만드는 특별한 장소인 난소에서 만들어집니다. 매달 여성의 몸은 난자 1개에 수정 준비가 되도록 지시를 내립니다.

정세포는 남자 몸속의 정자를 만드는 특별한 장소인 고환에서 만들어집니다. 수백만 개의 정자가 매일 만들어져서 부고환이라고 하는 말려 있는 관에 저장됩니다. 사용되지 않은 정자는 몸이 다시 흡수합니다.

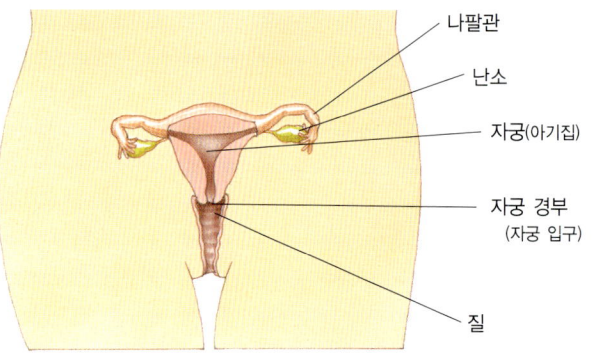

아기를 만들어 내도록 분화된 신체 부위를 생식 기관이라고 합니다. 이 그림은 여성 생식 기관을 앞에서 본 모습으로, 난소 두 개와 자궁에 연결되어 있는 나팔관을 보여 줍니다. 여성의 몸속에서 난자들은 난소 안에 있습니다. 매달 생리 주기에 성숙한 난자 하나가 나팔관으로 나와 정자를 만나면 수정이 됩니다. 수정된 난자는 자궁에 착상됩니다.

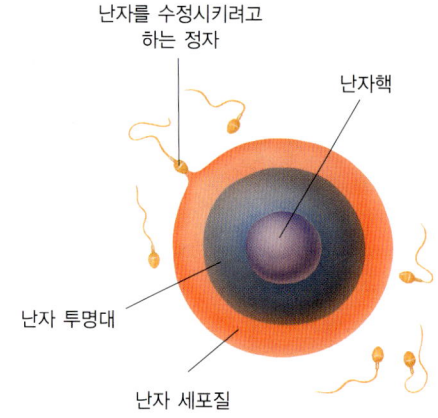

난자는 나팔관을 따라 이동합니다. 수정 시 정자 중 하나가 난자 표면을 뚫고 머리를 넣을 때까지 작은 정자들이 난자 주변을 헤엄칩니다. 정자 머리와 난막이 만나면 수정이 일어납니다.

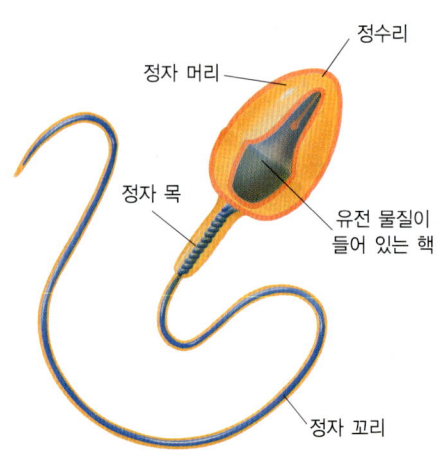

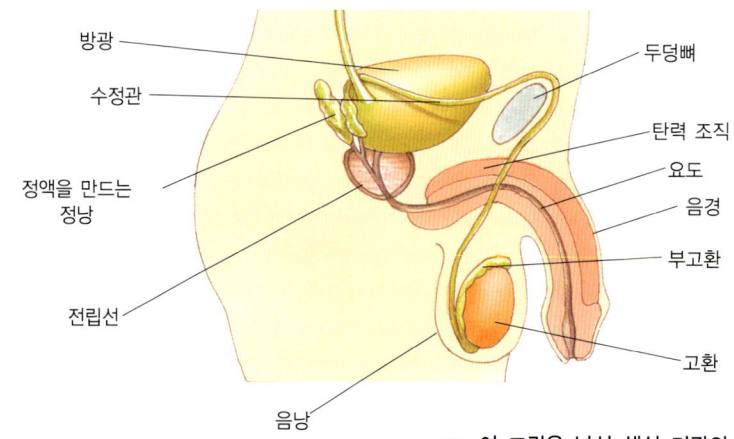

이 그림은 남성 생식 기관의 측면도입니다. 남성의 몸속에서 정자는 두 개의 고환에서 만들어집니다. 성교 시 정자는 수정관을 따라 나와 요도를 따라 계속 이동해서 외부로 나갑니다.

성숙한 정자는 유전 정보가 저장되어 있는 머리, 목, 난자를 향해 빨리 헤엄칠 수 있게 해 주는 올챙이 모양의 꼬리로 구성되어 있습니다.

깊이보기

'호르몬'에 대한 더 자세한 내용은 57쪽을 보세요.

지구의 생명

성교 시 정자는 여성의 질로 들어가 난자와 만날 수 있습니다. 정자 하나가 난자 속으로 들어가 합쳐지면 그 난자는 수정이 된 것이고 아기로 발달할 수 있습니다.

수정란은 여성의 자궁 속에 착상됩니다. 여기가 임신 기간 동안 아기가 자라는 곳입니다.

수정란은 2개로 분열되고, 새로 생긴 세포들이 다시 분열되어 세포들이 수없이 늘어납니다.

초음파 검사

임신한 여성은 초음파 검사를 통해 아기가 어떻게 자라고 있는지, 건강한지 확인할 수 있습니다.

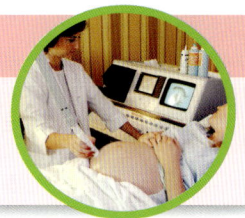

이 세포들이 자라면 분화되어 어떤 세포는 뇌 세포가 되고, 어떤 세포는 근육 세포가 됩니다.

세포 각각은 새로운 몸에서 할 역할이 있습니다.

임신 중 아기는 '탯줄'이라고 하는 특별한 관을 통해 양분을 받습니다. 이 관은 자궁 벽의 혈액이 풍부한 조직이 모여 만들어진 태반과 아기의 배를 연결해 줍니다.

아기가 태어날 준비가 되면 엄마 몸에서 '진통'이 시작됩니다. 이때 엄마의 몸은 아기를 분만할 준비를 합니다. 엄마의 자궁은 강력한 근육 수축으로 아기를 밀어내야 합니다. 일단 태어나면 아기는 스스로 숨을 쉽니다.

와우!

모든 개인은 독특합니다. 단지 부모에게서 받은 유전자 때문이 아니라, 경험과 학습이 사람을 바꾸기 때문에 그렇습니다.

DNA – 생명의 구조

자녀는 난자와 정자 등 모든 세포에 DNA(디옥시리보 핵산)가 있기 때문에 부모를 닮습니다. DNA에는 유전자라고 하는 특별한 구조에 대한 정보가 들어 있습니다. 유전자는 우리에게 키가 크거나 작게 하고, 피부 색깔이 희거나 검게 하며, 특정 병에 걸리기 쉽게 하는 등의 작용을 합니다. 유전자는 생식을 통해 자녀에게 전달됩니다. 유전자의 절반은 엄마에게서, 나머지 절반은 아빠에게서 물려받습니다. 일란성 쌍둥이 외에는 그 어떤 사람도 유전자 조합이 동일하지 않습니다. 몸의 세포 하나에는 3만 개가 넘는 개별 유전자가 들어 있습니다.

생명은 수정란이 2개의 세포로, 4개로, 8개로 계속 나누어지면서 시작됩니다. 며칠 후에는 수백 개의 세포가 생겨나고 몇 주가 지나면 수백만 개가 됩니다. 이 세포들이 다양한 신체 기관을 만들어 냅니다. 태아는 '머리부터' 발달합니다. 뇌와 머리를 시작으로 몸의 주요 부위와 팔과 다리가 발달합니다. 처음에 이 자그마한 아기는 자궁 속의 넓은 공간을 자유롭게 떠다닐 수 있습니다. 하지만 몸이 자라 꽉 차면 목과 등과 팔과 다리를 구부립니다.

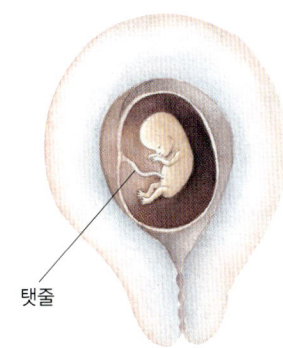

2개월 주요 신체 부위가 형성되고 태아라 부릅니다.

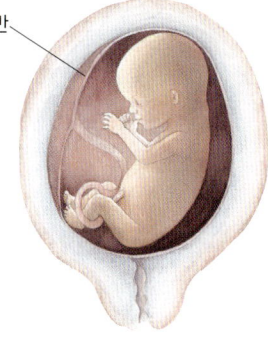

3개월 피부에 처음으로 털이 납니다.

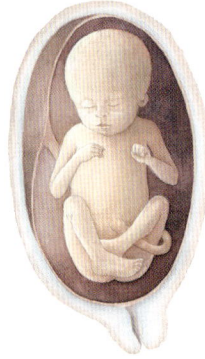

5개월 손과 손가락으로 탯줄을 잡을 수 있습니다.

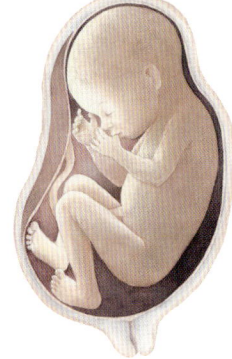

7개월 눈을 뜨고 몸은 날씬하고 피부는 쭈글쭈글합니다.

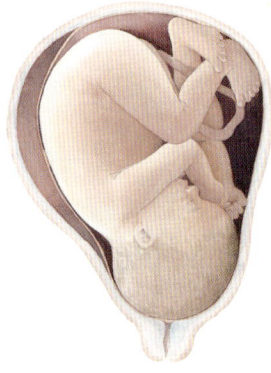

9개월 아기는 머리가 아래를 향하도록 몸을 '돌리고' 태어날 준비를 합니다.

용어 풀이

골수 뼈 가운데 들어 있는 부드럽고 젤리 같은 물질. 새로운 혈액 세포를 만들거나(붉은 골수), 지방으로 에너지와 양분을 저장(노란 골수)합니다.

관절 2개 이상의 뼈가 만나는 지점.

광합성 식물이 햇빛을 에너지원으로 사용해 이산화탄소와 물을 결합시켜 양분을 만드는 과정.

기관 허파나 위, 심장같이 특정한 일을 수행하는 조직들의 결합체.

꽃받침 꽃 바깥쪽에서 꽃잎을 받치는 꽃의 보호 기관 중 하나.

꽃밥 수술의 끝 부분. 화분이 여기서 만들어집니다.

낙엽수 가을에 잎을 떨어뜨리는 식물 혹은 나무.

난소 암컷 몸속에서 알이 만들어지는 곳.

뉴런 신경 자극이라 부르는 미세한 전파의 형태로 정보를 받거나 전달하도록 분화된 신경 세포.

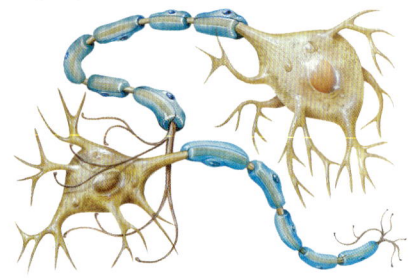

동맥 산소가 든 혈액을 운반하는 혈관.

두해살이식물 생명 주기를 2년에 마치는 속씨식물.

디엔에이(DNA) 디옥시리보 핵산. 몸이 자라고 기능하는 방법에 대한 지시 사항 혹은 유전자를 구성하는 화학 물질입니다.

멸종 동물이나 식물 종 하나가 모두 죽어 없어지는 것.

멸종 위기 동물 멸종할 위험에 처한 동물.

모세 혈관 미세한 혈관.

무척추동물 척추가 없는 동물.

밑씨 꽃의 암술에 있으며 수정된 뒤 자라서 씨가 되는 부분.

발아 씨앗이 묘목을 만들어 내기 시작하는 과정.

방광 포유류가 오줌을 저장하는 주머니 모양의 기관.

배설 폐기물, 부산물 및 다른 원치 않는 물질을 배설계 혹은 비뇨기계를 통해 신체에서 제거하는 것.

산소 동물이 호흡하는 기체. 수소와 결합해서 물을 만듭니다.

상록수 연중 잎이 달려 있는 식물.

생식 새로운 후손 생명을 만드는 과정.

서식지 동물이나 식물이 사는 장소.

세포 동물과 식물의 기본 구성 단위. 세포는 식물이 살아 있도록 하기 위해 다양한 모양으로 여러 가지 일을 수행합니다.

소화 음식에서 양분을 취하는 과정.

수분(가루받이) 화분이 꽃의 암술머리로 옮겨지는 과정.

수소 산소와 결합해 물을 만드는 기체.

수술 꽃밥이 있는 꽃의 암수 중 수에 해당하는 부분.

수액 식물의 뿌리와 줄기를 통해 옮겨지는 액체.

수정 수컷 세포가 암컷 세포와 만나는 과정. 예를 들면, 포유류에서 정자가 난자와 만나는 과정, 및 속씨식물에서 화분이 밑씨와 만나는 과정입니다.

숨구멍 기체가 빠져나가는 잎의 미세한 구멍.

시냅스 두 신경 세포 혹은 뉴런 간의 결합.

씨앗 수정 후에 밑씨에서 만들어지는 캡슐. 양분과 미세한 식물이 들어 있습니다.

아가미 물고기와 같이 물속에 사는 동물들이 호흡하기 위해 사용하는 기관.

암술 꽃의 암수 부분 중 암에 해당하는 부분.

암술머리 암술의 꼭대기 부분.

야행성 낮보다는 밤에 활동적인 특성.

여러해살이식물 여러 해 동안 사는 식물.

연골 뼈와 비슷한 고무 같은 물질.

열대 우림 늘 온도가 높고 비가 많이 내리는 지역에서 자라는 숲.

염색체 미세 섬유 조직처럼 아주 빽빽하게 말려 있는 유전 물질.

엽록소 녹색 식물에서 찾아볼 수 있는 광합성에 필수적인 화학 물질.

영역(영토) 동물이 살고 먹이를 구하며 동

종의 다른 동물을 쫓아내서 지키는 영역이나 장소.

온대림 따뜻한 여름과 추운 겨울이 있는 지역에서 자라는 숲.

외골격 곤충의 튼튼한 외부 껍질.

위장 환경에 섞여 어우러지는 무늬 혹은 색상.

유기체 살아 있는 생물. 살아 있는 것은 어떤 것이든지 유기체입니다.

유전자 몸이 어떻게 발달하고 자라고 기능할지에 대해 화학 물질 DNA를 통해 전해지는 지시 혹은 정보.

육식 동물 주로 혹은 전적으로 고기를 먹고 사는 동물.

이동 먹이와 날씨 등 더 나은 조건을 찾아 동물이 옮겨 가는 것.

이산화탄소 광합성을 하기 위해 식물이 필요로 하는 기체이자, 동물이 호흡하고 노폐물로 만들어 내는 기체.

인대 뼈를 결합시키는 강하고 유연한 조직.

정맥 혈액을 심장으로 운반하는 주 혈관.

조직 특정 임무를 수행하는 유사한 세포들의 집합.

종 동물 혹은 식물의 한 종류.

줄기 잎과 꽃을 받쳐 주고 물과 광물질과 잎에서 만들어진 양분을 식물의 다른 부위로 운반해 주는 식물의 부위.

진화 동물과 식물이 변화하는 세계에 적응하고 발전하는 점진적인 과정.

척추동물 척추가 있는 동물.

초식 동물 식물만 먹는 동물.

침엽수 꽃이 아니라 구과 를 만들어 내는 나무와 식물들.

클론 부모와 모든 면에서 동일한 후손.

포도당 식물과 동물이 에너지원으로 사용하는 당의 한 종류.

포식자 다른 동물을 사냥하여 먹고 사는 동물.

플랑크톤 바다와 커다란 호수 물에 떠다니는 미세한 동물과 식물.

피질 콩팥, 뇌, 림프샘과 같은 신체 부위의 표층 부분.

한해살이풀 1년에 생명 주기를 마치는 속씨식물.

핵 유전 물질인 DNA가 있는 세포의 중심부 혹은 통제 센터.

허파 땅에서 호흡하는 동물이(그리고 물속에 사는 포유류가) 호흡하기 위해 사용하는 특별한 기관.

허파 꽈리 허파 내부의 미세한 주머니. 각 허파에 3억 개 이상이 있습니다.

혈장 미세 세포(적혈구, 백혈구, 혈소판)가 들어 있지 않은 혈액의 액체 부분.

호르몬 기관이나 조직이 특정 방식으로 반응하도록 하기 위해 식물과 동물 내부에 두루두루 운반되는 화학 물질.

호흡 숨쉬기, 또는 양분과 기체에서 얻은 에너지를 방출하는 것을 일컫는 말.

홀씨 이끼, 곰팡이와 같은 은화식물이 만드는 미세한 캡슐. 발아해서 새로운 식물로 자라날 수 있도록 부모 식물 혹은 곰팡이의 일부가 들어 있다.

화분 수술이 만드는 미세한 캡슐. 생식을 위해 식물은 꽃들 사이에서 화분을 주고받아야 합니다. 화분은 바람이나 동물에 의해 다른 식물로 운반됩니다.

화석 동물 혹은 식물의 잔재가 수백만 년 동안 바위로 보존되는 과정.

활엽수 넓고 평평한 잎이 자라는 나무. 상록수 혹은 낙엽수입니다.

효소 화학 작용을 일으키거나 촉진시키는 화학 물질.

흉내 한 동물이 다른 동물(원형)의 유리한 점을 이용하기 위해 닮는 것. 예를 들면, 독이 없는 동물이 독 있는 동물인 척하는 것.

힘줄 근육을 뼈에 연결해 주는 특별한 조직.

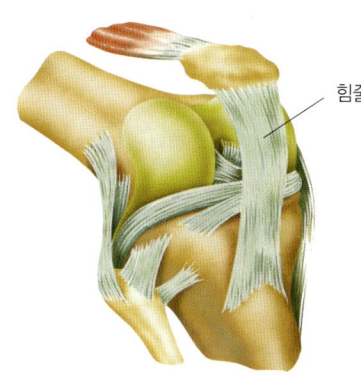

힘줄

⟨교과서 속 융합 지식 박물관⟩ 교과 수록 및 연계

권	제목	교과 수록 및 연계
01	지구의 생명	초등학교 과학 5-2 1. 우리 몸 36~37쪽 중학교 과학 2학년 〈소화와 순환〉, 중앙교육 179쪽, 동화사 190~193쪽, 교학사 160~163쪽, 두배의느낌 243~248쪽, 천재교육(유준희 외) 150~157쪽, 금성출판사 194~200쪽, 두산동아 168~173쪽, 천재과학(이면우 외) 155~161쪽, 비상교육 180~188쪽 / 〈호흡과 배설〉, 중앙교육 312~323쪽, 동화사 320~325쪽, 교학사 293~299쪽, 두배의느낌 279~287쪽, 천재교육(유준희 외) 306~309쪽, 금성출판사 334~347쪽, 두산동아 206~211쪽, 천재교육(이면우 외) 294~303쪽, 비상교육 336~345쪽
02	공룡의 시대	중학교 과학 3학년 〈유전과 진화〉, 금성출판사 294~295쪽, 두산동아 258~261쪽, 디딤돌 296~297, 교학사 279~284
03	식물의 세계	초등학교 과학 4-1 2. 식물의 한살이 58~75쪽 초등학교 과학 4-2 1. 식물의 세계 32쪽 초등학교 과학 5-1 3. 식물의 구조와 기능 116~117쪽 중학교 과학 1학년 〈식물의 영양〉, 한국과학창의재단 204쪽, 대교 215쪽, 비상교육 203쪽, 성안당 239쪽
04	바다 속 생물	초등학교 과학 3-2 2. 동물의 세계 58~59쪽, 74~75쪽 초등학교 과학 6-1 4. 생태계와 환경 136~139쪽 중학교 과학 3학년 8. 유전과 진화, 대일도서 313쪽
05	곤충과 무척추 동물	초등학교 과학 3-1 3. 동물의 한살이 94~102쪽 초등학교 과학 3-2 2. 동물의 세계 62~63쪽 초등학교 과학 5-1 4. 작은 생물의 세계 144~145쪽
06	파충류와 양서류	초등학교 과학 3-1 3. 동물의 한살이 102~103쪽 초등학교 과학 3-2 2. 동물의 세계 46~79쪽 초등학교 과학 6-1 4. 생태계와 환경 130~132쪽 중학교 과학 1 4. 생물의 구성과 다양성, 교학사 127~131쪽 중학교 과학 1 Ⅳ. 생물의 구성과 다양성, 미래엔 119~129쪽
07	조류의 세계	초등학교 과학 3-1 3. 동물의 한살이 100~101쪽 초등학교 과학 3-2 2. 동물의 세계 46~79쪽 초등학교 과학 6-1 4. 생태계와 환경 126~137쪽 중학교 과학 1 4. 생물의 구성과 다양성, 교학사 127~131쪽 중학교 과학 1 Ⅳ. 생물의 구성과 다양성, 미래엔 119~129쪽
08	포유류의 세계	초등학교 과학 3-1 3. 동물의 한살이 98~99쪽 초등학교 과학 3-2 2. 동물의 세계 46~79쪽 초등학교 과학 6-1 4. 생태계와 환경 126~139쪽 중학교 과학 1 4. 생물의 구성과 다양성, 교학사 127~131쪽 중학교 과학 1 Ⅳ. 생물의 구성과 다양성, 미래엔 119~129쪽
09	놀라운 인체	초등학교 과학 3-1 3. 동물의 한살이 94~97쪽 중학교 과학 2 Ⅳ. 소화와 순환, 중앙교육진흥연구소 142~187쪽 중학교 과학 2 Ⅶ. 호흡과 배설, 중앙교육진흥연구소 294~325쪽 중학교 과학 2 5. 소화와 순환, 두배의느낌 208~250쪽 중학교 과학 2 6. 호흡과 배설, 두배의느낌 254~288쪽 중학교 과학 3 1. 생식과 발생, 교학사 10~42쪽 중학교 과학 3 Ⅰ. 생식과 발생, 블랙박스 09~50쪽
10	우주의 신비	초등학교 과학 5-1 1. 지구와 달 26~52쪽 중학교 과학 2 Ⅵ. 태양계, 중앙교육진흥연구소 250~289쪽 중학교 과학 2 Ⅷ. 별과 우주, 중앙교육진흥연구소 330~365쪽 중학교 과학 2 2. 태양계, 두배의느낌 78~122쪽 중학교 과학 2 7. 별과 우주, 두배의느낌 294~336쪽 중학교 과학 3 7. 태양계의 운동, 교학사 224~260쪽 중학교 과학 3 Ⅶ. 태양계의 운동, 블랙박스 235~268쪽